Sibylle Sterzik (Hg.)
Zweites Leben

Sibylle Sterzik (Hg.)

Zweites Leben

Organspende – ja oder nein
Erfahrungen, Meinungen & Fakten

Wichern

Umschlag: griesbeckdesign, München
Satz: NagelSatz, Reutlingen
Druck und Bindung: Elbe Druckerei Wittenberg GmbH
ISBN 978-3-88981-353-4

Inhalt

Meinungen

Vorwort

Das Telefon klingelt. Ein Anruf aus der Klinik. „Ihr Mann hatte einen Unfall. Können Sie sofort kommen?“ Plötzlich ist nichts mehr, wie es war. Der Boden schwankt, die Knie zittern, das Herz rast. Im Krankenhaus liegt der Verunglückte auf der Intensivstation, er scheint noch zu atmen. Aber es ist nur die Maschine, die ihn am Leben hält. Irgendwann stellen die Ärzte die Frage, behutsam zwar, aber sie trifft doch mit großer Wucht: „Hatte Ihr Mann einen Organspendeausweis? Wären Sie einverstanden, wenn wir ihm Organe entnehmen würden? Ein anderer bekäme ein zweites Leben geschenkt.“ Völlig unvorbereitet steht die Angehörige vor der Frage. Der Schmerz durchpflügt das Herz. Unbegreiflich, was da gerade passiert ist – und nun soll sie so etwas entscheiden?

Jeden von uns kann das treffen. Jeden Tag. Auf einen Unfall kann ich mich nicht vorbereiten. Aber auf die Frage nach der Organspende. Seit 1997 gilt in Deutschland die erweiterte Zustimmungslösung. Nur dem, der zu Lebzeiten einen Organspendeausweis ausgefüllt oder seinen Angehörigen mitgeteilt hat, Organe spenden zu wollen, dürfen die Ärzte sie nach seinem Tod entnehmen. Liegt keine Erklärung vor, müssen die Angehörigen entscheiden – so wie der Verstorbene es gewollt hätte. Das ist in neun von zehn Fällen so. Denn es sind zwar etwa 74 Prozent der Bevölkerung bereit, Organe zu spenden, aber nur knapp 20 Prozent haben einen Organspendeausweis.

Seit November 2012 ist ein Gesetz zur Entscheidungslösung in Kraft, nach dem jeder, der das 16. Lebensjahr vollendet hat, künftig regelmäßig von seiner Krankenkasse informiert und gefragt wird, ob er seine Organe im Falle des Todes spenden würde. Eine Pflicht, sich zu entscheiden, gibt es aber nicht. Mit Hilfe der Transplantationsmedizin können schwerkranke Menschen gerettet werden. Ein zweites Leben kann ihnen geschenkt werden, indem ihnen Organe von anderen Menschen übertragen werden. Doch es gibt nicht genügend Organe. 12 000 Menschen warten in Deutschland dringend auf ein Spenderorgan, aber voraussichtlich wird nur etwa ein Drittel von ihnen ein solches erhalten.

Es gibt auch Kritiker der Organspende. Sanfter Druck werde ausgeübt, Organe zu spenden, sagen sie, vonseiten der Politiker, der Mediziner, die meinen, dies sei ein Akt der Nächstenliebe. Wer sich dagegen entscheide, unterlasse dringend nötige Hilfe. Dagegen steht das Recht auf Selbstbestimmung und die Unantastbarkeit jedes Menschen. Umstritten ist auch das Hirntodkonzept. Ist der Hirntod wirklich das Ende oder nur die letzte Phase eines unumkehrbaren Sterbeprozesses? Viele befürchten auch, dass ein potenzieller Spender zu früh für tot erklärt wird.

Die Manipulationen von Krankenakten in den Kliniken in Göttingen, Regensburg, München und Leipzig, bei denen Daten gefälscht wurden, um Patienten vordere Plätze auf der Warteliste zu verschaffen, haben die Diskussion um die Organspende neu entfacht. Auch wenn sich herausstellen sollte, dass kein Geld geflossen ist – viele Menschen sind misstrauisch geworden. Aus Sorge, mit ihren Organen könnten andere Geld verdienen, geht die Zahl der Organspenden immer weiter zurück. Laut der Deutschen Stiftung Organtransplantation (DSO) haben im Jahr 2012 nach ihrem Tod 1 046 Menschen Organe gespendet, 12,8 Prozent weniger als im Jahr zuvor. Die Zahl der gespendeten Organe ist von 3 917 (2011) auf 3 511 gesunken. Pro eine Million Einwohner haben im vergangenen Jahr 12,8 Menschen nach ihrem Tod Organe gespendet, ein Jahr zuvor waren es noch 14,7.

Kann das Vertrauen wiedergewonnen werden? Ist Organspende eine Pflicht aus Menschenliebe? Darf man sich auch dagegen entscheiden? Wie kann ich leiblich auferstehen, wenn mir die Organe fehlen? Wie erleben Schwerkranke das Warten auf ein Organ? Wie geht es Angehörigen, die plötzlich entscheiden müssen? Die Beiträge in dem vorliegenden Buch geben Antworten auf diese Fragen. Neben Organspendern und Organempfängern kommen auch Mediziner, eine Philosophin, ein Politiker, Mitglieder des Deutschen Ethikrates, Juristen, Theologen und Seelsorgerinnen zu Wort. Betroffene und Verantwortliche treten in einen Dialog miteinander. Diesen zu fördern und den ganzen Fächer der Argumente zu entfalten, alle Meinungen zu Wort kommen zu lassen, ohne zu werten und so die Angst vor einem schwierigen Thema zu nehmen, hat sich der Wichern-Verlag mit „Zweites Leben" zur Aufgabe gemacht. Wenn es gelingt, Interesse zu wecken, so dass Leserinnen und Leser sich informieren, sich auf den Weg zu einer Entscheidung machen – in welche Richtung auch immer, ist ein gutes Stück gewonnen. Denn sie nimmt den Angehörigen die Last, selbst entscheiden und mit den Folgen leben zu müssen. *Das* ist eine Frage der Nächstenliebe und ein lohnendes Ziel für einen evangelischen Verlag.

Die Frage nach der Organspende ist eine Frage auf Leben und Tod. Sie kann dramatischer nicht sein. Aber sich damit zu beschäftigen, muss nicht dramatisch sein. Im Gegenteil. Wir kommen in Berührung mit unseren ureigensten Gefühlen wie Trauer, Angst, Verzweiflung, aber auch Freude, Glück, Dankbarkeit und Lebenslust. Wir spüren, dass wir das Leben lieben, es uns gegenseitig gönnen und aufeinander angewiesen sind. Den Autorinnen und Autoren ist es zu danken, dass sie der Leserin und dem Leser erlauben, ihnen bei der Annäherung an dieses Thema über die Schulter zu schauen.

Berlin, am 18. Januar 2013 *Sibylle Sterzik*

Nicole von der Tann

Ich habe eine Zukunft

Eine Elfjährige wird transplantiert

„Kim Alexander ist elf Jahre alt. Sein größter Traum ist es, einmal in seinem Leben fliegen zu können: ‚Ich möchte die Welt von oben sehen, wie klein wir doch in Wirklichkeit sind, obwohl wir uns selbst so große Bedeutung zumessen.' Sein Traum ist in Erfüllung gegangen. Er sitzt nun auf einer Wolke dort oben und kann seine Eltern, seine beiden jüngeren Geschwister, seinen Lieblingskater und die ganze Familie sehen. Kim Alexander, sieben Jahre alt, starb am 23. April 2009. Todesursache: zu langes Warten auf ein Organ, das ihm das Leben gerettet hätte."

Eine traurige Geschichte, leider wahr. Ich lege den kleinen Prospekt weg, welcher für Organspende wirbt. Die Wartezeit zieht sich endlos hin, die Minuten fühlen sich wie langgezogener Kaugummi an. Ich sollte vor drei Stunden hier sein und nun sitze ich schon gut vier Stunden ab. Verzögerungen bei Operationen sind nichts Seltenes, aber bei so einer wichtigen ist es wirklich schwer, nicht aufzustehen und den Ärzten meine Meinung zu sagen. Immerhin würde ich später unter ihren Messern liegen und es wäre wohl kontraproduktiv, sie jetzt zu verärgern. Ich bin nervös, schrecklich nervös. Und glücklich, obwohl ich noch nicht weiß, ob es sich lohnen wird. Ob es funktioniert.

Ich weiß nur, dass das Schicksal entschieden hat, mir so eine Geschichte wie die von Kim Alexander zu ersparen. Ich würde transplantiert werden. Ich würde nicht wegen zu langer Wartezeit sterben müssen. Ich sitze hier, mit meinen Eltern, und warte darauf, in den Operationssaal geschoben zu werden. Der Anruf nachts um 3 Uhr war wie eine lang erwartete Erlösung, die meine Dialysebehandlung hoffentlich beenden wird. Eine Behandlung, die mich anderthalb Jahre nachts an das Bett gefesselt hatte, eine Behandlung, die mich zwar am Leben, aber nicht wirklich lebendig hielt. Eine Behandlung, die mir verbat, zu essen oder zu trinken, was ich wollte, eine Behandlung, die mir nicht erlaubte, wie andere Kinder zu leben. Nun könnte das bald vorbei sein.

Ich sollte doch tatsächlich wieder ein Stück Lebensqualität erhalten. Und das Stück Lebensqualität, das ich bekam, war eine Niere. Ein Organ, dessen Bedeutung und Wichtigkeit oft unterschätzt wird. Ich habe Glück. Ganz gleich, ob mein Körper das Transplantat annimmt oder abstößt, ob es mir eine Woche oder zehn Jahre lang treu bleibt und funktioniert: Ich wurde ausgewählt für eben diese Niere und das nach einer nicht allzu langen Zeit des Wartens. Ich habe eine Zukunft.

Meine Freundin hatte dieses Glück nicht. Sie war fünfzehn Jahre und wartete über drei Jahre auf eine Leber, doch es gab keinen passenden Spender für sie. Ihre Werte verschlechterten sich, sie wurde kränklicher, konnte kaum noch laufen, weil ihr Körper von den Behandlungen geschwächt war. Die Eltern mussten ihrem Kind beim Sterben zusehen. Sie waren hilflos, konnten ihr nichts versprechen, ihr keine Träume für die Zukunft geben, keine Geschichten erzählen, in denen es ein Happy End gab. Denn sie wussten, für ihre kleine Tochter würde es kein glückliches Ende geben. Ein Ende ja, aber es würde ein trauriger und schmerzvoller Abschied sein.

Sie hätte nicht sterben müssen. Wenn mehr Menschen aufgeklärt wären, mehr Menschen wüssten, welch kostbares Geschenk sie mit in den Himmel nehmen, anstatt es auf der Erde zu lassen, müssten solche traurigen Geschichten kein Alltag mehr sein. „Don't take your organs to heaven, heaven knows we need them here" – ein Spruch, der eigentlich schon alles sagt. Nimm deine Organe nicht mit in den Himmel, der Himmel weiß, wir brauchen sie hier!

Viele stehen der Organspende kritisch gegenüber. Die Angst, von den Ärzten zu früh für tot erklärt zu werden oder nicht alle nötigen Behandlungsmaßnahmen zu bekommen, ist eine der Ursachen, warum Menschen einen Organspendeausweis ablehnen. Der Hauptgrund ist aber eigentlich, dass viele nicht richtig darüber Bescheid wissen. Sie müssen und wollen das Leid der Patienten nicht sehen, die auf der Warteliste stehen. Es betrifft sie ja nicht. Und solange es einen nicht betrifft, muss man sich auch nicht darum kümmern!

„Sie kann reingeschoben werden, schiebt die Patientin rein!" Der Ausruf des Arztes reißt mich aus meinen Tagträumereien. Ich bin dran, ich bin dran, ich bin dran. Obwohl ich gerade eben noch müde war und mich in den Arm meiner Mutter kuscheln wollte, sitze ich kerzengerade auf dem Bett. Mein Herz hat plötzlich die doppelte Leistung und schlägt wie wild in der Brust. Super, jetzt sollte ich die Narkose bekommen? Jetzt, wo ich so aufgeregt bin? Die blonde Schwester lächelt mich wohl wissend an, als sie den Raum betritt und das Krankenbett abfahrbereit macht. Sie zwinkert mir zu: „Na, aufgeregt?" Mehr als ein Nicken bringe ich in diesem Moment nicht zustande. Meine Eltern begleiten mich bis zu der letzten Tür. Dort nehmen sie Abschied. Weiter dürfen sie nicht, nur meine Kuscheltiermaus presse ich an meine Brust. Ich weiß, dass ich stark bleiben muss, meine Eltern sollen nicht bemerken, wie verängstigt ich bin. Ein Kuss auf die Stirn von meinem Vater und eine Umarmung von meiner Mutter. Deren Worte „Wenn du aufwachst, werde ich da sein. Wir sehen uns in deinem zweiten Leben" lassen mich ruhig werden.

Mein „zweites Leben" – darüber haben sie und ich oft gescherzt. Mit so einer Krankheit kannst du nicht klarkommen, wenn du keinen Humor besitzt. Der Versuch, es auf die locker-leichte Art zu nehmen, war ein Unterfangen, das zunehmend schwerer wurde. Aber ich würde wieder richtig gesund und glücklich sein können. Mein „zweites Leben" sollte beginnen, wenn die Niere das erste Mal für mich arbeitete.

Ich drehe mich noch einmal um, als die Tür sich schließt, und sehe, wie mein Vater meine Mutter in den Armen hält, den Kopf gesenkt. Die Operation könnte schiefgehen. Es könnte das letzte Mal sein, dass ich diese beiden geliebten Menschen sehe. Aber ich glaube daran, dass mein Kämpfen an der Dialyse nicht umsonst gewesen ist. Ich glaube daran, dass ich in drei Stunden meine Augen wieder aufschlagen kann.

Wenn jemand von dieser Welt geht, ist es immer sehr schwer und unglaublich traurig. Aber selbst nach deinem Tod kannst du jemandem helfen. Blutspende rettet Leben. Organspende auch! Aber sich mit Organspende zu befassen heißt, sich mit dem Tod befassen zu müssen, und das ist etwas, was für viele kaum vorstellbar ist. Ob es ein Leben nach dem Tod gibt oder man wiedergeboren wird, ob du in die Hölle, das Fegefeuer oder in den Himmel kommst – andere kranke Menschen, die zurückbleiben, könnten nach deinem Tod weiterleben. Es hört sich ausgesprochen grausam an. Aber ein Mensch kann im Durchschnitt drei anderen das Leben retten, ihnen wieder ein Stück Lebensqualität schenken. Er könnte weiterleben, in den Gedanken und in der Dankbarkeit derer, die durch ihn das Leben erst erleben dürfen.

„Es gibt Komplikationen", sagen sie meiner Mutter. „Der Blutdruck ist gefallen", sagen sie meinem Vater. „Wir tun alles, was wir können", versichern die Ärzte beiden.

Nach sechs Stunden ist es vorbei. Ein Bett wird in den minze-grünen Raum geschoben, ein Kind von nicht ganz zwölf Jahren darin. Deplatziert neben all den Geräten und Schläuchen hockt eine kleine graue Maus am Ende des Bettes, mit einem Grinsen im Gesicht, das wohl auszudrücken scheint: „Alles in Ordnung." Und es ist alles in Ordnung. Ich atme, ich habe mich an das Leben geklammert und ich habe es geschafft. Ich schlage zum ersten Mal in meinem neuen Leben die Augen auf. Und lache, denn endlich hat es mich wieder voll und ganz zurück.

Nicole von der Tann (geb. 1994) besucht das Egbert-Gymnasium in Münsterschwarzach.

Katharina Bender

Es muss ein Engel gewesen sein

Eine Mutter verliert ihr Kind und stimmt der Organspende zu

Es waren Hellas erste Ferien und sollten ihre letzten sein, bevor die Schule anfing. Ein heißer Sommer. Wir besuchten die Großeltern in Meckenheim bei Bonn. Am 7. Juli 2010 war Hella sechs Jahre alt geworden, eine Woche später sollte sie sterben.

Hella, ihre ältere Schwester Hannah (10) und die Nachbarskinder, zwei Jungen, wollten zum Reiterhof fahren, wo das Pferd unserer Nachbarn stand. Während wir noch im Garten frühstückten, liefen die Mädchen mit ihren Fahrradhelmen hinüber zum Nachbarn. Hella rief: „Tschüss Mama." Dann war sie weg.

Ich ging mit Opa und unseren jüngeren Töchtern Merta (4) und Ida (1) einkaufen und noch zum Spielplatz. Als wir mittags zurückkamen, hing ein Zettel an der Terrassentür. Ich sollte mich beim Nachbarn melden. Während ich las, kam er schon herüber. „Hella hatte einen Unfall. Sie ist hingefallen oder vom Pferd gefallen", berichtete er. Genaueres wusste er nicht, weil er nicht dabei gewesen war. Ich weiß noch, dass er mich mit so glasigen Augen ansah. Zuerst dachte ich, es wird ja nicht so schlimm sein, wenn sie nur hingefallen ist. Ich hatte kein Auto, um sofort hinzufahren. Schwiegervater und der Nachbar fuhren zum Reiterhof, der etwa fünf Kilometer entfernt war. Ich blieb bei den anderen Kindern. Von einer Sekunde auf die andere bekam ich dann doch plötzlich Herzklopfen.

Ich sah Hella erst im Krankenhaus wieder. Ein Rettungshubschrauber hatte sie vom Reiterhof in die Klinik gebracht. Auf dem Hof war ein Pferd durchgegangen. Es lief genau in dem Moment über den Hof, als die Mädchen vom Reiten zurückkamen. Hannah rannte weg und versteckte sich hinter einer Tür. Hella aber stand mitten auf dem Hof. Als das Pferd an ihr vorbeigaloppierte, traf es sie wahrscheinlich am Knie. Sie fiel hin, schlug mit dem Kopf auf den harten Boden auf und übergab sich.

Ich bildete mir ein, dass es nur eine Gehirnerschütterung sei. Aber im Krankenhaus stellten sie eine Hirnblutung fest. Hella musste schnell operiert werden. Der Arzt rief mich an, bat um meine Einwilligung und sagte, es wäre nicht ganz ungefährlich. In diesem Moment begriff ich: Es war dramatischer als vermutet. Ich fiel in einen Schockzustand.

Als ich ins Krankenhaus kam, dauerte die Operation bereits vier Stunden. Ich lief auf und ab, versuchte mich zu beruhigen: Solange sie noch operieren, gibt es noch eine Hoffnung. Dann kam ein Arzt. „Es sieht nicht gut aus. Das Gehirn ist stark angeschwollen, so stark, dass man den Druck nicht messen kann, weil sich die Sonde nicht einführen lässt. Ihre Tochter wird aber demnächst aus dem Operationssaal kommen. Dann können Sie zu ihr." Bis dahin dauerte es noch einmal anderthalb Stunden. In der Zwischenzeit kam mein Mann aus Berlin, der gleich von der Arbeit aus mit dem Zug hierher gefahren war.

Hella war sechs Stunden operiert worden. Jetzt lag sie im Bett mit einem riesigen Verband um den Kopf. Die Ärzte hatten einen Teil des Schädelknochens entfernt, damit das Gehirn sich ausdehnen konnte und der Druck abnahm. Sie war ins Koma versetzt worden, um jede Hirnanstrengung zu vermeiden. Hella wurde beatmet und lag einfach da. Zwischendurch fuhr ein Pfleger sie zur Computertomografie, um die Hirntätigkeit zu überprüfen. Dabei erlitt sie erneut einen Gehirninfarkt. Er führt dazu, dass die betroffenen Teile des Gehirns nicht mehr durchblutet werden und

Gehirnzellen absterben. Als der Arzt uns das erklärte, war mir klar: Allein durch die Operation war viel von Hellas Hirnstruktur zerstört worden. Wir würden sie nicht wieder so mit nach Hause nehmen können, wie sie früher einmal gewesen war.

„Fahren Sie nach Hause. Sie können hier jetzt nichts tun. Sobald irgendetwas ist, rufen wir Sie an", riet uns der Pfleger. Ich wusste nicht, ob das richtig wäre. Aber wir mussten auch nach den anderen Kindern sehen. „Sie können jederzeit wiederkommen", fügte er hinzu.

Am nächsten Tag fuhren wir wieder in die Klinik. Erst wollte der Arzt uns nichts Genaues sagen, aber auf unser Drängen hin erklärte er uns: „Sie ist stabil, aber auf ganz niedrigem Niveau. Sobald irgendeine Komplikation eintritt, können wir nichts mehr machen." Da wurde mir klar, wie ernst es um Hella stand. Regelmäßig prüften sie den Augendruck und die Bewegung der Pupillen. Mittags bewegten sie sich noch. Kurz darauf nicht mehr. Irgendetwas war passiert.

Ich saß am Bett, hielt Hellas Hand und musste immer wieder weinen. „Wenn Sie die ganze Zeit am Bett sitzen und weinen, bringt das dem Kind nichts, davon haben wir alle nichts. Nehmen Sie sich bitte ein bisschen zusammen." Ich war schockiert über die Worte des Stationsarztes: „Ihnen ist schon klar, was wir hier gerade durchmachen?", fragte ich ihn. Er schien nicht zu wissen, wie er mit uns umgehen sollte.

Ein letzter Versuch war ein Medikament, das den Hirndruck senken sollte. Es half nicht. Ein Pfleger bot uns an, die Krankenhausseelsorgerin zu rufen. Ich lehnte ab. Wozu? So endgültig war es doch noch nicht! Die Seelsorgerin kam dann doch – vielleicht hatte mein Mann zugestimmt. Sie setzte sich einfach dazu und sagte: „Wenn Sie etwas sagen wollen, können Sie das gern tun. Ansonsten bin ich einfach da." Das fand ich schön. Irgendwann ging sie wieder, sagte aber, sie käme am Abend wieder. Allmählich wurde uns immer klarer, dass es kaum noch Hoffnung gab.

Die Pfarrerin kam wieder, aber kein Arzt mehr. Ein Pfleger wusch Hella. „Sie müssen etwas essen", sagte er zu uns und brachte uns Brot und Tee. Gegen 22 Uhr, als es langsam dunkel wurde, wurde unausweichlich klar, dass Hella nicht mehr lebte. Aber niemand sagte uns das. Statt des Arztes gab uns der Pfleger zu verstehen: „Da atmet jetzt noch etwas, aber das ist nur noch die Maschine." Rein äußerlich hatte sich an Hella nichts verändert. Mein Mann und der Pfleger baten mich, mit hinaus auf den Flur zu kommen. „Katharina, Hella ist jetzt gestorben", sagte Holger. Tatsächlich lag das Kind da, als würde es leben. Der Brustkorb hob und senkte sich, sie fühlte sich warm an. Aber ich musste begreifen: Sie wird nicht mehr aufwachen.

Ich wollte Hella unbedingt noch einmal auf dem Schoß haben. Mein Mann und der Pfleger schoben die medizinischen Geräte zum Beatmen und Überwachen und die Stromkabel so hin, dass es ging. Mit aller Kraft legte mir der Pfleger unser Kind in den Arm und gab mir so viel Zeit, wie ich brauchte. Und ich fühlte: Sie ist irgendwie da. So körperlich von Hella Abschied zu nehmen, war für mich wichtig, um zu wissen, dass sie tatsächlich gestorben war.

Hellas Organe zu spenden, hatte ich schon am Vormittag vorgeschlagen, als wir mit Holgers Bruder zum Krankenhaus fuhren. Ich weiß nicht, wie ich darauf kam. Obwohl ich mich vorher kaum damit beschäftigt hatte, war diese Entscheidung für mich klar. Vielleicht lag es daran, dass wir während des Medizinstudiums, das ich später abbrach, im Anatomie-Kurs Verstorbene präparierten, die ihre Körper für medizinische Zwecke zur Verfügung gestellt hatten. Beide Männer hatten mich erstaunt angesehen: „Wieso sollen wir jetzt darüber reden?" „Sollte Hella wirklich sterben, wäre es schwierig, in der Situation sachlich darüber nachzudenken. Es wäre besser, das vorher zu klären." „Eigentlich hast du recht", pflichtete Holger mir bei.

Kurz darauf hatte mein Mann den behandelnden Arzt informiert: „Wenn Hella sterben sollte, dann wollen wir, dass Organe gespendet werden. Können wir dann mit irgendjemandem Kontakt aufnehmen?“ Er sagte: „Ja, das haben wir im Kopf, wenn es so sein sollte, kümmern wir uns.“ Sie haben den Verantwortlichen bald darauf angerufen, damit der schon mal Bescheid wusste.

Als Hella gestorben war, wurden deshalb die Geräte nicht abgeschaltet, sondern die Beatmung wurde fortgesetzt. Nachdem das Medikament abgesetzt war, das sie ins Koma versetzt hatte, mussten wir 24 Stunden warten, bis die Wirkung aufhörte und ein Neurophysiologe den Hirntod feststellen konnte. Falls sie noch gelebt hätte, wäre sie dann aufgewacht.

Am nächsten Mittag fuhren wir mit den Kindern und meinen Eltern wieder ins Krankenhaus zu Hella. Sie war in ein Einzelzimmer verlegt worden und wir konnten einfach bei ihr sein: wir, die Kinder, die Großeltern, die Seelsorgerin und Bernd, ein guter Freund unserer Familie. Dann kam der Koordinator von der Deutschen Stiftung Organtransplantation (DSO). Er telefonierte hektisch. Es hatte etwas Kommerzielles. Obwohl es damit gar nichts zu tun hat, fühlte es sich so an wie: Jetzt wird das Kind verwertet. Ich weiß, anders geht es nicht, er musste viel organisieren und klären, wer welche Organe bekommt. Auf einem Fragebogen sollten wir angeben, welche Organe entnommen werden dürfen. Wir hätten sagen können, nur das Herz oder nur die Niere, aber wir stimmten ohne Einschränkungen zu. Nur, dass sie Hella Gewebe entnehmen oder die Netzhaut, konnte ich mir in dem Moment nicht vorstellen. Die Blutgruppe wurde ermittelt. Das alles organisierte der Koordinator. Die Polizei kam, um zu klären, ob Hellas Tod ein Unfall war oder Fremdverschulden. In diesem Fall wäre es nicht zur Organspende gekommen. Wenn man Organe entnimmt, kann man strafrechtlich nichts mehr verfolgen. Auch die Staatsanwältin gab Hella frei für die Organspende.

Dann verabschiedeten wir uns im Zimmer von Hella. In der Krankenhaus-Kirche saßen wir nachher mit der Seelsorgerin lange so da, nahmen uns in den Arm, sangen ein Lied. Hannah durfte die Glocke läuten. Damit schickten wir Hella sozusagen los auf die große Reise. So fühlte es sich an. Für Hannah war das sehr wichtig, weil sie die Einzige der Familie war, die bei dem Unfall dabei gewesen war und sie sich schuldig fühlte, dass sie nur sich und nicht Hella in Sicherheit gebracht hatte. Die Pfarrerin schenkte ihr ein bemaltes Holzkreuz, das bis heute an unserer Flurtür hängt.

Zurück in Hellas Zimmer waren wir dabei, als der Neurophysiologe den Verband an Hellas Kopf entfernte und die Sonden durch die Haut einführte, um den Hirntod festzustellen. Ihre Haare waren ganz kurz geschnitten. Und dann sahen wir die flache Linie auf dem Monitor. Hella war hirntot.

Zwei Tage vorher hatten wir ihr Kleid für den Schulanfang gekauft, ein dunkelblaues, fast schwarzes. Sie hatte es selbst ausgesucht. Dasselbe gab es in Weiß, mit ein bisschen Spitze: „Können wir nicht dieses nehmen?", fragte ich Hella. „Nein", sagte sie, „es muss das dunkelblaue sein."

Am nächsten Morgen sollte die Organentnahme sein. Wir hatten vorher besprochen, wie alles ablaufen würde. Hella wurde mit einem Transport abgeholt. Sie betteten sie wie auf Watte, damit auf dem Weg zu dem Operationssaal nichts passieren konnte. Er befand sich in einem anderen Gebäude.

Der Koordinator war immer mit dabei. Ich glaube, er war auch mit im OP-Saal. Transplantationsteams wurden eingeflogen, die ein Organ brauchten. Sie kamen aus der Schweiz, aus Österreich und von sonst wo her. Der Koordinator überwachte alles. Nach der Organentnahme sagte er uns, dass alles gut gegangen sei. Aber ich glaube, der Tod eines Kindes und die Organentnahme war für alle eine schwierige Situation. Auch für die Ärzte war das nicht leicht. Als ich dann die Teams abfahren sah, konnte ich mich trotz des Abschieds von Hella für die Empfänger freuen und dachte: Jetzt beginnt die spannende Zeit für andere Leute. Alle Teams sind wieder weg, sind mit den Organen in den Kühltaschen losgezogen und müssen schnell sein, weil woanders gerade jemand darauf wartet, ein Organ zu bekommen, das sein Leben retten kann.

Hella brachten sie in den Aussegnungsraum, so dass wir noch einmal von ihr Abschied nehmen konnten. Die Pfarrerin hatte liebevoll Sonnenblumen hingelegt, für jedes Familienmitglied eine. In diesem Moment war ganz offensichtlich, dass Hella gestorben war. Ihr Körper war kalt, die Lippen ein wenig blau. Ich gab ihr noch einen Kuss. Vielleicht war das komisch, aber irgendwie musste ich das tun. Im Gesicht war nichts von Narben zu sehen. Sie war mit einer Decke zugedeckt, die Hände lagen darauf. Ich weiß nicht, ob man den Körper ein bisschen gefüllt hat, damit er nicht ganz flach aussieht. Es fehlten ja das Herz, die Nieren, die Leber, der Magen, die Lunge, die Speiseröhre und der Dünndarm. Sieben Organe waren entnommen worden. Nur die Milz und der Dickdarm nicht. Sie hatten Hella schön aufgebettet, ihr ein Tuch unter das Kinn gelegt, damit der Mund zu bleibt, so wie man es bei jedem Verstorbenen macht.

Vier Wochen später bekam ich einen Brief von dem Transplantationskoordinator. Darin stand, wer die Organe bekommen hat, ohne Namen. Das Herz war an ein sechsjähriges Mädchen gegangen. Zwei Männer im Alter von sechzig Jahren bekamen die Leber, die geteilt wurde. Wir konnten ein anderes Kind glücklich machen. Natürlich ist es für jeden schön, ein Organ zu bekommen. Aber besonders schön ist es, wenn es Kinder sind. Ich würde nicht sagen, dass Hella in ihnen weiterlebt. Ein Stück vielleicht. Aber Hella konnte jemand anderem zum Leben verhelfen.

Hellas Beerdigung war an einem Freitag in unserer Heimatgemeinde auf dem alten Dorffriedhof in Schöneiche bei Berlin. Eine Woche, nachdem sie gestorben ist. Und sie hatten ihr das dunkelblaue Kleid für den Schulanfang angezogen, mit aufgenähten gefilzten Blumen. Es sah schön und würdevoll aus. Danach bin ich sofort wieder schwanger geworden. Ich dachte: Wahrscheinlich hat mir Hella ihre letzte Energie mitgegeben, und daraus ist dann unser Sohn Armin geworden. Einige Monate später erzählte mein Schwiegervater, dass während der Beerdigung ein Storch über die Dorfkirche geflogen war.

Hella war ein fröhliches Kind. Sie tanzte gern und verkleidete sich dafür. Wie beim Theaterstück im Kindergarten. Beim Abschlussfest spielte sie bei „Schneeweißchen und Rosenrot" mit. In dem Märchen beschützt ein Engel die beiden Mädchen, während sie im Wald nahe bei einem Abgrund schlafen. Als sie das am Morgen der Mutter erzählen, sagt diese: „Das müsste der Engel gewesen sein, der gute Kinder bewahrt." Hella hat diesen Engel gespielt. Sie trug ein cremefarbenes Kleid, das seidig glänzte. Viele sagten hinterher, sie hätte das sehr überzeugend gespielt. Als ob sie es im Gefühl gehabt hätte, dass das ihre Rolle ist: ein Engel zu sein, der anderen das Leben rettet.

Sie ist nicht verschwunden aus unserem Haus. Für uns ist klar: Sie ist da. Manchmal redet Merta mit ihr. Wenn sie ein Spielzeug nehmen will, das Hella gehörte, sagt sie: „Ich frage sie mal." Dann läuft sie zum Fenster, sieht zur Wolke hoch und sagt: „Hella, was meinst du, kann ich das haben?" Kurz darauf dreht sie sich um und verkündet laut: „Hella hat Ja gesagt!" Manchmal guckt sie auch aus dem Fenster und überlegt, auf welcher Wolke ihre Schwester wohl sitzt.

Merta sagt: „Hella hat jetzt wieder so ein Engel-Kleid an, nur Flügel daran. Sie ist immer da."

Katharina Bender (geb. 1978) ist Montessoripädagogin und studiert Grundschulpädagogik. Sie lebt mit ihrem Mann und den vier Kindern in Schöneiche bei Berlin.

Frank-Walter Steinmeier

Wir haben uns gemeinsames Leben geschenkt

Ein Ehemann spendet seiner Frau eine Niere

Ganz unvorbereitet traf sie uns nicht, die Frage nach der Transplantation. Eigentlich wussten wir, meine Frau und ich, seit Jahren, dass irgendwann eine solche Entscheidung anstehen könnte. Bereits 14 Jahre zuvor hatte meine Frau bei der Geburt unserer Tochter einen Nierenausfall erlitten. Mit der Hilfe guter Ärzte und mit strenger Ernährungsdisziplin konnte sie ihre Erkrankung lange Zeit beherrschen. Aber bewusst war uns, dass sich die Situation irgendwann verschlechtern würde.

Doch je länger es dauerte und einigermaßen gut ging, desto mehr schwand das Bewusstsein dafür, dass wir diesem Zeitpunkt näher rückten. Die Macht der Gewohnheit! Oder besser: die Eingewöhnung ins Provisorische. Und deshalb war es nach Jahren dann doch ein ziemlicher Schock, als die Ärzte im Januar 2010 das Ende des Provisoriums ankündigten und uns auf notwendige Entscheidungen vorbereiteten. Schien das zunächst noch Zeit zu haben, ein oder gar eineinhalb Jahre, so änderte sich das im Wochenabstand. In wenigen Wochen ging die ohnehin geringe Restnierenfunktion bei meiner Frau dramatisch zurück, der körperliche Gesamtzustand verschlechterte sich rapide. Was lange verdrängt war, verlangte nun rascher, als wir uns vorgestellt hatten, nach einer Entscheidung: entweder zu versuchen, mit Dialyse über eine möglichst lange Zeit mit stark eingeschränkter Lebensqualität und ggf. verkürzter Lebenserwartung zurechtzukommen. Oder die Herausforderung mutig annehmen und den Weg der Transplantation gehen, wenn's denn geht.

Und dann war da noch zu entscheiden: Wenn Transplantation, welchen Weg – den über Warteliste und postmortalem Spenderorgan oder die Lebendspende? Mit Blick auf eine Wartezeit von sieben Jahren, aber vor allem den damals bereits stark eingeschränkten Gesundheitszustand meiner Frau, war der Weg über die Warteliste ohne Zweifel das größere Risiko. Größer jedenfalls, wenn die Alternative Lebendspende grundsätzlich in Betracht kommen konnte.

Ich trug zu diesem Zeitpunkt bereits seit fast 30 Jahren einen Organspendeausweis bei mir. Prinzipiell war ich bereit, meine Organe nach dem Tod zu spenden. Aber jetzt, noch zu Lebzeiten? Daran hatte ich natürlich nicht ernsthaft gedacht, als ich den Ausweis Anfang der 1980er Jahre ausgefüllt hatte. Mit der Krankheit meiner Frau rückte das Thema näher an mich heran. Das hat mich nicht abgeschreckt – aber es war ja auch noch weit weg, und ich kann nicht sagen, ob ich schon 14 Tage nach der Geburt unserer Tochter bereit gewesen wäre, meine Niere abzugeben. Aber meine Haltung dazu wurde offener, je länger ich zusehen musste, dass meine Frau von Jahr zu Jahr schwächer wurde. Da meine Frau schon einige Zeit Dialyseerfahrung hatte und die Erfahrung genügend schlecht war, war mir klar: Das ist eine Alternative, die wir vermeiden müssen, wenn es andere Möglichkeiten gibt. So ist bei mir der Entschluss zur Lebendspende gereift.

In der ganzen Entscheidungsphase begann damit aber erst die schwierigste Zeit. Schwierig deshalb, weil meine Frau wortwörtlich hin- und hergerissen war zwischen Hoffnung und Zweifel. An einigen Tagen stand die Hoffnung auf Heilung im Vordergrund, an anderen Tagen der Zweifel, ob sie meine Niere akzeptieren darf. Das zu erfahren, diesen Entscheidungsprozess mit aufwühlenden Diskussionen, war fordernd und aufreibend zugleich. Ich weiß heute

– und habe es in vielen Lebensberichten anderer Betroffener gelesen –, dass das ein unvermeidlicher Prozess ist, der sich bei vielen Paaren in ähnlicher Situation abspielt. Damals haben wir es als unerwartete und entsetzliche Belastung empfunden. Eine Woche lang schien alles entschieden: „Wir machen das jetzt!" Am folgenden Wochenende stand das Gegenteil fest, jedenfalls für einige Tage. Natürlich spielte bei meiner Frau vor allem die Sorge um unsere Tochter eine Rolle. An manchen Tagen war da die Angst, dass nicht nur sie selbst, sondern auch ich als zweiter Elternteil geschädigt aus einer solchen Operation hervorgehen könnte.

Als wir uns dann – begleitet durch fürsorgliche medizinische Beratung – endlich und endgültig für die Nierenspende entschieden hatten, war aber dennoch erst mal noch nichts entschieden. Denn die Bereitschaft der Beteiligten ist das eine. Aber es muss auch gehen! Schon Ende Mai fingen die medizinischen Voruntersuchungen an, die notwendig waren, um zu klären, ob ich überhaupt als Spender infrage kommen würde. War ich ausreichend gesund, um nicht abgelehnt zu werden? Nicht auszudenken, dass möglicherweise am Ende dieser ganzen aufwendigen Untersuchungen die Entscheidung der Mediziner stehen könnte: Schön, dass Sie bereit sind, aber es funktioniert einfach nicht. Die Enttäuschung wäre riesig gewesen. Aber so sollte es zum Glück nicht kommen. Von medizinischer Seite gab es keine Einwände, auch die Ethik-Kommission gab ihre Zustimmung. Der Termin für die Operation wurde auf den 24. August 2010 festgesetzt. Das war im ganzen Verlauf ein entscheidendes Datum. Ab da war ich ruhig und zuversichtlich, dass die Transplantation gelingen und nichts mehr schiefgehen würde.

Heute im Rückblick bin ich froh, dass ich in diesen Monaten vor der OP in meinem Umfeld Leute hatte, die mir zur Seite gestanden haben. Darunter war zum Beispiel Eckhard Nagel, ein guter Freund und zufällig selbst Transplantationschirurg. Seit vielen Jahren sitzen wir gemeinsam im Vorstand einer Stiftung, die sich um organtransplantierte Kinder kümmert. Er gehörte zu denen, die Mut gemacht haben, aber auch Verständnis für Zweifel hatte, und vor allem unendliche Geduld besaß. Darüber hinaus hatten wir das Glück, hier in Berlin eine Betreuung vorzufinden, die weit über das Medizinische hinausging. Die Ärzte und das gesamte Personal der Charité haben gerade auch meiner Frau bei der Entscheidung geholfen und uns das Gefühl gegeben, in guten Händen zu sein.

Ich würde nicht behaupten, meine Entscheidung zur Organspende hätte sich aus meinem christlichen Glauben abgeleitet. Aber Gespräche mit Freunden waren häufig Gespräche über Hoffnung und Zuversicht! Bernd Krebs, Pastor unserer Kirchengemeinde, hat uns in dieser Zeit sehr unterstützt und uns das Grundsätzliche der Entscheidung vor Augen geführt. Das Ja zur Organspende ist deshalb sicherlich nicht aus einem Bibelwort ableitbar. Aber dass da Menschen um uns waren, für die Beistand, Liebe und Menschenliebe keine Fremdworte waren, das gehört schon zum gemeinsamen und entscheidenden „Ja“ am Ende.

Und dann war da noch unsere Tochter, die – ohne die Tragweite der Entscheidung zu erkennen – spürte, dass sich Dinge veränderten. Sie war vierzehn Jahre alt damals und hatte die Verschlechterung des Gesundheitszustands ihrer Mutter natürlich mitbekommen. Wir haben es auch nicht vor ihr verborgen. In deutlichem Abstand zur Operation haben wir dann ein paar Tage gemeinsamen Familienurlaub organisiert, um ausführlich miteinander zu reden. Wir haben unserer Tochter gesagt, dass die Ärzte alles gründlich vorbereiten und versuchen, alle Risiken auszuschließen, so dass nichts Schlimmes zu befürchten ist. Eher, dass die begründete Hoffnung besteht, dass sie ihre Mutter gesünder und länger erleben könne als ohne eine Transplantation. Natürlich weiß ich nicht, wie ein vierzehnjähriges Kind das empfindet, was im Kopf eines Kindes genau vorgeht, wenn es um Leben und Gesundheit der Eltern geht, aber die Gespräche haben beruhigt und geholfen.

Dann war er da, der Tag: Der 24. August. In der Woche zuvor informierte ich den allerengsten Kreis meiner Mitarbeiterinnen und Mitarbeiter. Dass ich am Tag vor der Operation die überraschte Öffentlichkeit mit einer kurzen Stellungnahme vor der Presse informiert habe, hatte den schlichten Grund, dass ich keine Spekulationen über die Gründe einer mehrwöchigen Abwesenheit aufkommen lassen wollte. Dass die Bitte um Zurückhaltung in der Berichterstattung und Achtung der Privatsphäre sogar respektiert worden ist, dafür bin ich bis heute dankbar. Am gleichen Abend dann der gemeinsame Abschied auf Zeit von der Tochter. Das war noch einmal schwer. Und dann ging alles ganz schnell. Das Nötigste war gepackt, vor allem ausreichend Bücher für drei Monate, dann die Abholung, Einlieferung, letzte Voruntersuchungen. Am nächsten Morgen war es schon ein bisschen gespenstisch, als wir morgens beide kurz nacheinander in den Operationssaal geschoben wurden. Am frühen Nachmittag wachte ich auf und fühlte mich überraschend gut und wenig mitgenommen vom Eingriff. Im Nachbarzimmer schlief meine Frau noch tief und fest. Wir lagen zwar auf derselben Station, aber nicht im selben Zimmer, weil die hygienischen Voraussetzungen bei dem Transplantierten wesentlich strenger sind als beim Explantierten. Dennoch der erste Blick, das erste Augenzwinkern: „Überstanden, alles in Ordnung“ – das bleibt unvergesslich. Was wirklich los war, was Schläuche und Kabel, was Apparaturen und Messgeräte bedeuteten, konnte ich nicht beurteilen. Aber ich sah, dass Ärzte und Pflegepersonal zufrieden waren und ohne Anspannung ihrer Arbeit nachgingen. Die alte Niere funktionierte auch sichtbar im neuen Körper. Es war geschafft – fürs Erste.

Nach dem Klinikaufenthalt dann drei gemeinsame Wochen in der Reha. Zur Aufarbeitung dessen, was hinter uns lag, war das gut. Wir redeten miteinander über andere

Themen als vorher. In den Kliniktagen fragt man sich ja vornehmlich: Funktioniert das? Sind die Schmerzen von heute geringer als die von gestern? Tut die Niere ihre Arbeit und wie gut? Das waren eher technische Gespräche. Als sich das Ganze einzurichten begann und die ersten kritischen Tage überstanden waren, konnten wir endlich darüber reden, was das Abenteuer für uns, für eine Ehe bedeutet. Denn neben allen medizinischen Fragen: Es bleibt für jede Beziehung eine Grenzerfahrung, die die Beziehung auch verändern kann – mit Risiken und Chancen. Was sich davon realisiert, ist im Vorhinein schlecht zu prognostizieren. Heute im Rückblick bin ich davon überzeugt: Die für uns beide existenzielle Grunderfahrung hat noch einmal eine besondere Tiefe in unsere Beziehung gebracht – auch nach den mehr als 20 Jahren, die sie besteht.

Jetzt, wo dies alles zum Glück weit hinter uns liegt, ist der Alltag lange wieder eingekehrt. Alltag heißt auch Umgang mit einer Unzahl an Medikamenten, die meine Frau für alle Zeit nehmen muss, um z.B. die Abwehrreaktionen gegen das immer fremd bleibende Organ zu unterdrücken. Das registriere ich kurz beim Frühstück oder am Abend, aber längst denke ich nicht jeden Tag an die aufregenden Tage der Transplantation oder die vorausliegende langjährige Erkrankung meiner Frau zurück. Die Veränderung ist selbstverständlicher Teil unseres Lebens geworden. Und das ist gut so! Aber noch heute hadere ich mit mancher freundlich-respektvollen Bemerkung über das wundervolle „Geschenk“ gegenüber meiner Frau. Ist das ein Geschenk für einen anderen? Geschenktes Leben, das ist es! Aber ich empfinde es ganz und gar nicht so, dass ich etwas Wertvolles verloren hätte. Im Gegenteil: Es ist gemeinsames Leben und gemeinsame Lebenszeit, die wir uns geschenkt haben.

Wenn ich heute dafür werbe, dass mehr Menschen ihre Bereitschaft zur Organspende erklären, dann bleibt mein Argument: Dass eine Entscheidung darüber getroffen werden muss, ist unvermeidbar; auch dann, wenn ich ihr selber ausweiche. Denn: Wer sie zu Lebzeiten nicht trifft, der überantwortet sie seinen Angehörigen. Und für die, die zurückbleiben, ist in dieser schweren Stunde des Todes eines nahen Angehörigen eine solche Entscheidung unendlich viel schwieriger zu fällen, als für den, der das zu Lebzeiten nach reiflicher Überlegung tun kann. Wichtig ist, dass eine Entscheidung getroffen wird, wichtig ist die Auseinandersetzung mit der Spendebereitschaft. Das Ergebnis des Entscheidungsprozesses ist prinzipiell offen, und selbstverständlich frei von rechtlicher Pflicht. Aus meiner persönlichen Sicht hat die Bereitschaft zur Organspende auch etwas mit Mitmenschlichkeit und christlicher Nächstenliebe zu tun. Wir sollten nicht die Augen davor verschließen, dass Menschen sterben, die leben könnten, wenn genügend Organe zur Transplantation zur Verfügung stünden. Trotzdem ist richtig, dass wir die Entscheidung in der Freiheit des Einzelnen lassen, wie es das neue Transplantationsgesetz mit der Entscheidungslösung vorsieht. Aber es ist ebenso richtig, den Menschen stärker auf die Pelle zu rücken und die Frage, ob sie Organspender sein möchten oder nicht, nachdrücklicher zu stellen, als wir das in der Vergangenheit getan haben. Eine Pflicht zum „Ja" gibt's nicht, aber die Verantwortung, sich zu entscheiden, die sollte jeder spüren!

Ich wäre bis vor Kurzem fest davon überzeugt gewesen, dass das neue Transplantationsgesetz ein Schritt nach vorn sein würde. Aber wir können unsere Augen nicht davor verschließen, dass die Nachrichten aus Göttingen, Regensburg, München und Leipzig uns weit zurückwerfen. Dass dort Krankenakten offenbar bewusst manipuliert wurden, um Patienten auf der Warteliste nach vorn zu schieben, ist nicht nur ungerecht und unverantwortlich denen gegenüber, die der Hilfe noch dringender bedurft hätten. Es kostet vor allem Vertrauen und vernichtet viel von der Arbeit derjenigen, die in den letzten Jahren Überzeugungsarbeit für die Organspende geleistet haben, oft ehrenamtlich und allein aus einem Engagement für die Sache heraus. Aber Lamentieren hilft nicht. Die Probleme bleiben. Deshalb gilt: Trotz alldem oder gerade jetzt müssen wir für die Organspende werben! Tausende Patientinnen und Patienten auf den Wartelisten sind dringend darauf angewiesen und hoffen auf uns.

Frank-Walter Steinmeier (geb. 1956) ist Politiker und Fraktionsvorsitzender der SPD. Er ist verheiratet und hat eine Tochter.

Sabine Hoffmann

Winken und Jubeln bis zur Landung

Der Freundin bleibt für Panik am Krankenbett keine Zeit

Hätte man einen Partner, der unbedingt zum Mond fliegen will, der allen Warnungen zum Trotz das wagt, was sich kaum einer traut: Würde man da mehr Stolz und Bewunderung für ihn hegen oder lähmende Angst haben?

Mein Freund Frank Dühmert traute sich. Nicht die Reise zum Mond. Er stimmte einer Herz- und Lungentransplantation zu. Er tat das nicht, weil er in die Hall of Science kommen wollte. Er wollte nur weiterleben. Wollte noch erleben, wie seine Tochter Abitur macht, noch einmal in den Garten seiner Mutter fahren und am Oder-Havel-Kanal sitzen. Mit der „Bauer-Lüdemann-Jacke“, die er seit Jahrzehnten nur im Garten trug.

Für einen gesunden Menschen sind das keine großen Ziele. Für ihn war es das Optimum. Seit seiner Jugend war er lungenkrank. Er hatte ein Lungenemphysem und einen Lungenriss. Und ich sollte ihm helfen. Beim Überleben. Mein Freund fragte mich, ob ich ihm bei einer Transplantation zur Seite stehen würde. Für einen Platz auf der Transplantationsliste ist mit entscheidend, ob es Menschen gibt, die die Patienten intensiv begleiten. Meine Antwort lautete: Ja. Ich ahnte nicht, was auf mich zukam. Meine Rolle war klar. Ich war das Wesen, das an der Raketenabschussrampe mit dem Taschentuch winkt und ihn jubelnd in die Arme nimmt, wenn das Unternehmen erfolgreich absolviert war.

Entgegen allen Prognosen kam der Start recht kurzfristig und die Wartezeit betrug nur acht Tage. Schon diese kurze Zeit grenzte an ein Wunder. Ich war beim Einchecken im Spaceshuttle Deutsches Herzzentrum Berlin dabei und lächelte dem Astronauten aufmunternd zu. Die Mondexpedition brachte reichlich Komplikationen, aber die Techniker und Operateure bekamen alles in den Griff. Aufgrund einer Voroperation an der Lunge hatte sich bei Frank viel Narbengewebe gebildet, was die Transplantation erschwerte. Er bekam heftige Nachblutungen.

Nach der Landung war ich zur Stelle und starrte ungläubig auf Schläuche, Geräte und einen komplett verkabelten, an Maschinen hängenden Mann. So hatte ich mir die Landung nicht vorgestellt. Phönix aus der Asche sah anders aus. Anscheinend verzögerte sich die reale Landung um einiges. Die Pflegerinnen und Pfleger taten so, als ob dieses fremdgesteuerte Menschlein das Normalste der Welt sei. Sie redeten mit ihm, obwohl klar war, dass das eine sehr einseitige Unterhaltung sein würde.

Wenn die das können, dachte ich, dann kann ich das auch. Für Panik blieb mir gar keine Zeit. Man redete auf mich ein und erklärte mir die piepsenden Geräte und Infusionsautomaten. Mein Freund lag sehr lange auf der Intensivstation, weil vieles nicht so glatt lief, wie es sollte. Der schönste Augenblick für mich war, als ich ihn besuchte, er die Augen öffnete und meine Hand drückte. In diesem Moment durchströmten mich so viele Glückshormone. Es war unbeschreiblich. Da wusste ich: Er ist endlich gelandet.

Lange konnte er noch nicht sprechen, weil er beatmet werden musste. Die Lunge „zierte" sich. Das Herz lief wie ein Schweizer Uhrwerk. Ich wusste manchmal nicht, was er wollte, und fühlte mich hilflos. Das Einzige, was ich wusste, war: Er will das hier alles überstehen. Er hat dieser komplizierten Operation nicht zugestimmt, um zu sterben. Er wollte leben! So schrieb ich täglich seine Blutdruckwerte und die Sauerstoffsättigung in ein Tagebuch und schnitt aus der Zeitung wichtige Nachrichten aus. Wenn er einen Rückschlag erlitt, schrieb ich heulend und klebte eine Karikatur dazu. Unsere Tochter brach beim Anblick ihres an Maschinen hängenden Vaters auf der Intensivstation zusammen. Pfleger kümmerten sich rührend um sie.

Nach einem weiteren Rückschlag verzweifelte ich fast und fragte mich, ob ich ihm mehr nütze oder schade. Er hatte eine Blutvergiftung und der Brustkorb musste nochmals geöffnet werden. Das Brustbein war vereitert. Mir wurde bewusst, dass ich meinen Freund zwar unterstützen kann, er aber selbst den Lebenswillen haben muss. Und den hatte er. Entgegen allen Prognosen verbesserte sich sein Zustand wieder. Er war schon immer ein Kämpfer. Trotz oder wegen seiner Lungenkrankheit hatte er immer Pläne und zog sie auch durch. Oft wirkte das egoistisch. Aber für die Entscheidung, sich transplantieren zu lassen, ist so ein Wesenszug von Vorteil. Bei aller medizinischen und pflegerischen Kunst spielt der Überlebenswille des Menschen eine entscheidende Rolle. Ich war froh, als mir die Pfleger bestätigten, dass meine Anwesenheit ihm gut täte. Sie sahen es an den Werten. Für mich waren das nur Zahlen auf piepsenden Geräten. Ich stand an seinem Bettende und massierte seine Füße. Das waren die einzigen Körperteile, an die ich ohne Schwierigkeiten herankam.

Am 2. Februar 2005 wurden Frank ein Herz und eine Lunge transplantiert. Bis zum 10. April blieb er auf der Intensivstation. Danach wurde er noch auf die normale Transplantationsstation H3 verlegt, anschließend begann die Rehabilitation. Infolge der sehr langen Operation und der Komplikationen war er so gut wie gelähmt und musste wieder laufen lernen. Im September 2005 war er das erste Mal zu Hause. Fast zehn Monate lang verbrachte er in Krankenhäusern oder Nachsorgeeinrichtungen. Jetzt brauchte er kein Sauerstoffgerät mehr, ohne das es die letzten Jahre gar nicht mehr gegangen war. Dass er ohne Atemnot einfach laufen konnte, dafür lohnten schon die ganzen Strapazen.

Für uns beide begann eine Zeit, in der wir uns wieder an die „Normalität“ herantasteten: Der Astronaut ohne Raumschiff in der Berliner Vorstadt und die Freundin ohne Winkelement. Er musste lernen, wie sein Körper mit den „transplantierten“ Organen funktionierte, ich musste meine ständige Sorge ablegen. Die ersten körperlichen Annäherungen waren eine Ansammlung von Missverständnissen. Ich wollte ihn nicht küssen, weil ich Angst hatte, zu viele Keime zu übertragen. Er hatte Angst, dass er sexuell versagt. Ich befürchtete, dass ich ihn überforderte. Glücklicherweise holte er sich Rat bei einem Psychologen im Herzzentrum. Und ich bei einer Freundin. Dann holten wir zehn Monate nach. Die Fußmassagen forderte er weiter ein. Das hatte ich nun davon.

Am 24. Dezember 2005 liefen wir zu Fuß über die große Heinersdorfer Brücke und feierten bei seiner Mutter Weihnachten. Sie konnte es nicht fassen: Ihr Sohn kam ohne Sauerstoffgerät aus. Ohne die Transplantation hätten wir dieses Weihnachten nicht gemeinsam erlebt. Geschenke wollte er keine. Er hatte schon die besten seines Lebens. Ein Herz und eine Lunge – beides gebraucht. Aber in einem Top-Zustand.

Er hatte die neuen Organe sofort „adoptiert“, es waren seine. Mir spukte im Kopf die Frage herum, von wem sie kamen. Für ihn war das kein Thema. Er hatte sie geschenkt bekommen. Und er hatte vor, diese Geschenke zu nutzen. Jeden Tag.

Im Frühsommer 2006 saß er mit der Bauer-Lüdemann-Jacke im Garten. Unsere Tochter hatte ihr Abitur in der Tasche und ging für ein Jahr nach Israel. Dann begannen die ersten Abstoßungen. Leider war die Lunge wieder angegriffen. Am liebsten hätte ich mir meine eigene Lunge herausgerissen und ihm gegeben. Sieben Monate hatte er ein Leben ohne Einschränkungen genossen und nun ging dieses Fenster langsam wieder zu. Zwei Jahre lang „doktorte“ man an der transplantierten Lunge herum. Er wurde wieder auf die Warteliste gesetzt. Obwohl er wusste, wie anstrengend die Operation war, wollte er unbedingt auf die Liste. Seine größte Angst war, dass sein Gesundheitszustand eine weitere Transplantation nicht mehr zulassen würde.

Ab Januar 2009 wartete er im Paulinenkrankenhaus in Berlin-Spandau auf ein neues Organ. Ich sah, wie entwürdigend diese Warterei ist und wie sehr sie ihn kaputtmachte. Die Angehörigen auch. Manche Patienten warteten schon ein Jahr auf ein neues Herz oder eine neue Lunge. Nur Menschen mit einer guten Portion Egoismus und Durchhaltewillen schaffen das. Meinem Freund lief die Zeit weg. Ich glaubte nicht mehr, dass es noch einmal klappen würde. Es ging ihm immer schlechter. Aber am 9. Juni 2009 war es tatsächlich soweit. Eine neue Lunge war da.

Gleich morgens fuhr ich ins Herzzentrum, wo die Pfleger ihn schon für die Transplantation vorbereiteten. Wie immer war das Pflegepersonal wunderbar. Ich durfte die ganze Zeit dabei sein. Er scherzte noch mit dem Anästhesisten, ob man den Nabelbruch nicht gleich mit operieren könnte. Der Arzt verstand den Spaß gar nicht. Ich war froh, dass mein Freund seinen Optimismus wieder hatte und der Transplantation wie „Graf Koks" entgegensah. Gegen 8 Uhr schob man ihn in den OP. Ich fuhr ins Büro. Von der ersten Transplantation wusste ich ja, wie lange das dauern konnte. Alle Freunde und Verwandten rief ich an und sie freuten sich.

Leider schaffte er es diesmal nicht. Am nächsten Tag wurde mit Einverständnis seiner Mutter, Schwester, Tochter und mir die Herz-Lungen-Maschine abgeschaltet, die ihn bis dahin am Leben hielt. Die wichtigsten Frauen in seinem Leben standen an seinem Bett und nahmen von ihm Abschied.

Ich danke dem Organspender oder der Organspenderin von 2005 und 2009 für die Organe. Durch ihre Spende konnte er noch 1598 Tage erleben und Hoffnung schöpfen. Es wäre schön, wenn es mehr Spenderorgane geben würde.

Wegen der Knappheit werden ja die Patienten erst dann auf die höchste Dringlichkeit in der Warteliste gesetzt, wenn gar nichts mehr geht. Dann sind sie bereits in einem sehr schlechten Gesundheitszustand, der eine schwere Operation noch belastender macht. Natürlich haben wir alle in der Familie einen Organspendeausweis und ich bin auch in der Knochenmarkspenderdatei. Wenn ich damit helfen kann, tue ich das gerne. Ich weiß, dass so viele Menschen diese Hilfe brauchen.

Wütend machen mich die Berichte über Manipulationen im Transplantationswesen. Es sollte wirklich nur einige Transplantationszentren geben, in denen sich kein einzelner Chefarzt profilieren kann, sondern wo hervorragende Transplantationsmedizin betrieben wird. Ich kann dem Herzzentrum in Berlin nicht genug danken. Ganz besonders den Pflegerinnen und Pflegern auf der Intensivstation. Sie leisten hervorragende Arbeit. Hier steht der Patient wirklich an erster Stelle. Und es ist egal, ob er bei der AOK oder privat versichert ist. In kaum einem anderen Land der Welt wird – wie in Deutschland – nicht nach dem Kontostand gefragt, wenn man transplantiert wird. Vielleicht sollten diejenigen das bedenken, die über die Gesundheitspolitik schimpfen.

Mein Freund sagte immer scherzhaft: „Ich habe die goldene AOK-Kundenkarte." Für mich hatte er vor allem eins: unglaubliches Glück und Lebensmut. Und ich hoffe, er schaut uns jetzt vom Mond oder von Wolke sieben aus zu.

Sabine Hoffmann (geb. 1962) ist gelernte Landwirtin, sie hat eine Tochter. Nach einer Ausbildung zur Verlagsfachwirtin arbeitet sie heute im Wichern-Verlag. Ihr Freund Frank Dühmert starb im Alter von neunundvierzig Jahren nach der Retransplantation der Lunge.

Angelika Breuer

Schöne Jahre

Ein gespendetes Herz schenkt Zeit

Liebe Familie meines Herzspenders,

heute ist der 3. Januar 2013. Wieder beginnt für mich ein neuer Tag meines zweiten Lebens. Ich wache auf, freue mich auf den Tag, der vor mir liegt. Plötzlich denke ich daran, dass ich vor mehr als 20 Jahren knapp dem Tod entronnen bin. Unendliche Dankbarkeit wechselt sich ab mit den Erinnerungen an die Todesängste von damals. Ich lebe und weiß gleichzeitig, dass an jenem Tag Ende 1992 ein anderer Mensch gestorben ist. Dieser Mensch ist jetzt schon mehr als 20 Jahre tot.
Sie trauern um einen lieben Menschen und ich sage Ihnen Danke für die geschenkte Zeit. Eine Zeit, in der ich auf wundersame Weise wieder gesund und voller Lebensmut leben durfte. Ich bin sicher, dass dies für Sie ein kleiner Trost war, als Sie den von Ihnen so geliebten Menschen verabschieden mussten.

Ich versichere Ihnen, dass ich mit seinem oder ihrem Herzen voller Dankbarkeit mein geschenktes zweites Leben lebe. Ohne Ihre Solidarität, ohne Ihre Bereitschaft, der Organentnahme nach dem festgestellten Hirntod zuzustimmen, würde auch ich jetzt nicht mehr leben.

Lassen Sie mich Ihnen mit diesen Zeilen Danke sagen, in dem ich Ihnen von meinem Schicksal und meiner Rettung erzähle.

In Dankbarkeit und „anonymer" Verbundenheit

Am 26. August 1992 habe ich unsere Tochter Julia in Aachen zur Welt gebracht. Ich war damals achtundzwanzig Jahre alt und es war eine sehr schwierige Geburt. Nach 14 Stunden Wehen erblickte Julia endlich das Licht der Welt. Sie sah meinen Mann Franz Werner und mich mit großen, hellen und lebenshungrigen Augen an. Es war wohl unser schönster gemeinsamer Augenblick, das Wunder der Geburt unseres Kindes zu erleben.

Leider wurde ich nach der Geburt von Tag zu Tag schlapper statt kräftiger. Das Stillen fiel mir immer schwerer, ich bekam kaum noch Luft. Nachts hatte ich Albträume, Schweißausbrüche und Angst, mich überhaupt hinzulegen, weil ich dachte, ich wache nie wieder auf.

In der Zeit bis zur Diagnose litt ich stark unter Luftnot und Schwäche. Ich schwankte zwischen quälender Angst und großer Zuversicht, dass alles wieder gut wird. Zunächst wurde ich unter Vollnarkose an einem Thrombus, einem Blutgerinsel, operiert. Nach der Operation und einer quälenden Nacht mit Luftnot im Krankenhaus wollte mich die behandelnde Chirurgin entlassen. Auf Drängen meines Mannes wurden die Internisten hinzugezogen, weil ich keine Luft bekam und wir sicher waren, dass dies entgegen der Meinung der Ärztin keine Wochenbettdepression war.

Das bestätigte sich auch, als mich die Internisten untersuchten. Ich hatte eineinhalb Liter Wasser in der Lunge und musste sofort auf die Intensivstation. Das Schlimmste für mich war die Trennung von meiner kleinen Julia, die durch die OP schon in der Nacht nicht mehr gestillt werden konnte. Die arme Maus verkraftete dies anfangs nur schwer.

Nach einer Woche Intensivstation gab es wieder Hoffnung. Die erste Diagnose war eine Herzmuskelentzündung, die medikamentös zu behandeln sei. So hoffte ich, schon bald wieder für Julia sorgen zu können. Doch bereits nach einigen Tagen auf der Normalstation wurde ich wieder schlapper, bekam keine Luft und musste für eine Woche auf die Intensivstation. Wieder eine Woche ohne Julia. Es war einfach schrecklich. Die Gefühle von damals sind kaum zu beschreiben.

An den sorgenvollen Gesichtern der Ärzte konnte ich erkennen, dass es wohl eine ernstere Krankheit sein musste. Ich hatte große Angst. Meine Hoffnung, schon bald wieder auf den Beinen zu sein, schwand immer mehr.

Dann kam der Tag, an dem das Schicksal seinen Lauf nahm. Ende September wurde ich in eine größere Klinik verlegt, dort sollten Spezialuntersuchungen durchgeführt werden.

In der neuen Klinik war ich nur zwei Stunden auf der normalen Station, dann hieß es schon wieder: zurück auf die Intensivstation. Ein Arzt dort sagte zu mir: „Ich weiß gar nicht, warum Sie weinen, nur weil Sie hierher auf die Intensivstation müssen, Sie stehen doch mit dem Rücken zur Wand!" Ich stand wohl dem Tod sehr nahe! Heute noch frage ich mich, ob mich der Arzt damals wirklich nicht verstanden hat. Er hatte die Rettung meines Lebens im Visier – und mich quälten Todes- und Verlassenheitsängste. Wieder konnte ich meine kleine Tochter Julia nicht bei mir haben, nicht einmal für zwei Stunden am Tag. Die Gedanken fuhren Karussell. Noch heute spüre ich diese Verzweiflung und habe immer wieder Angst davor, wieder „mit dem Rücken zur Wand stehen" zu müssen.

Eine Biopsie am Herzen wurde gemacht, also eine Gewebeprobe entnommen und ein Herzkatheter gelegt. Nach etwa einer Woche stand die Diagnose fest: Keine Herzmuskelentzündung, sondern – viel schlimmer – eine postpartale Kardiomyopathie. Eine nach der Geburt entstandene Herzmuskelschwäche – eine Geburtskomplikation, die sehr selten vorkommt.

Die Diagnose und die einzig mögliche Behandlung trafen mich und meine Familie wie ein Donnerschlag: Nur eine Herztransplantation konnte mein Leben retten. „Ohne Transplantation bleibt Ihnen nicht mehr viel Zeit mit Ihrer Familie", sagte mir der behandelnde Internist auf der Intensivstation. Ich schrie und weinte, weil ich es nicht fassen konnte. Ich hatte doch gerade erst unser Kind zur Welt gebracht. Jetzt sollte ich so krank sein? Das konnte doch nicht wahr sein.

Mein Mann nahm mich in den Arm und tröstete mich, so gut er konnte. Nach der anfänglichen Hysterie stellte ich viele Fragen: Wie stehen die Chancen, ein Spenderherz zu bekommen? Überlebe ich die Operation? Kann ich jemals wieder für meine kleine Familie sorgen? Wie lange werde ich warten müssen? Muss ich im Krankenhaus bleiben? Wie soll ich so lange in dem schlechten Gesundheitszustand durchhalten? Wie lange und wie gut kann ich mit einem transplantierten Herzen leben?

Und nicht zuletzt die Frage: Warum ich, gerade jetzt? Viele Fragen, auf die es oft nur unbefriedigende Antworten gab. Aber für mich stand schnell fest: Ich kämpfe, ich möchte leben! Ich war bereit, den steinigen Weg zu gehen, die Herausforderung anzunehmen, wäre sie auch noch so groß. Unsere kleine Julia sollte nicht ohne Mutter aufwachsen.

Aber ich habe den Weg nicht alleine gehen müssen. Meine Familie hat die Herausforderung mit angenommen. Sie gab mir sehr viel Halt, Kraft und Liebe. Für uns alle begann eine harte Zeit zwischen Bangen und Hoffen. Mir kamen manchmal Zweifel, ob ich mein Leben wirklich vom Leben eines anderen Menschen abhängig machen dürfte. Im Stillen hoffte ich manchmal, doch noch ohne ein neues Herz gesund zu werden. Wenn ich morgens aufwachte, überlegte ich oft kurz, ob alles nur ein Traum war. Aber die Realität holte mich schnell wieder ein.

Nachdem die Diagnose feststand, begann die Vorbereitung auf die Herztransplantation. Bevor ich auf die Warteliste bei Eurotransplant im niederländischen Leiden gesetzt werden konnte, mussten viele Untersuchungen durchgeführt werden. Es waren quälende Untersuchungen, die mich seelisch sehr belasteten. Jeder Arzt fragte mich nach dem Grund, warum ich transplantiert werden sollte. Jedem musste ich meine Geschichte erzählen. Immer wieder begann ich zu weinen, denn ich hatte schließlich selber noch nicht so ganz verstanden, wie es sein konnte, dass ich kurz nach der Geburt meines Kindes so krank wurde. War die Geburt von Julia bis dahin der schönste Augenblick in Franz Werners und meinem Leben, so waren die Wochen danach die Hölle.

Während der Untersuchungen kam eines Tages der Professor an mein Bett und erklärte mir, man wolle versuchen, mich medikamentös so einzustellen, so dass ich doch nicht transplantiert werden müsste. Ich verstand die Welt nicht mehr. Gerade hatte ich mich mit dem Gedanken vertraut gemacht und jetzt sollte wieder alles anders sein. Ich weinte. Der Professor verstand mich nicht. Er sagte mir, dass jeder Tag mit meinem alten Herzen besser wäre als mit einem neuen. Denn es sei ungewiss, wie lange ich mit einem neuen Herzen leben würde. Bums! Zwei Probleme auf einmal für mich. Mit dem alten Herzen würde ich vielleicht leben können, aber nur mit eingeschränkter Lebensqualität. Für Julia könnte ich nicht wirklich sorgen, geschweige denn aktiv am Leben teilhaben. Der zweite Schock war die Aussage, dass ich mit einem neuen Herzen möglicherweise nicht alt werden würde.

Was nun? Beide Alternativen erschienen mir ausweglos. Also willigte ich ein, es mit meinem alten Herzen weiter zu versuchen. Ich bekam ein neues Medikament in niedrigster Dosierung – das Ergebnis war ein Kreislaufzusammenbruch kurz nach der Einnahme. Mit Mühe und Not konnten die Ärzte mich wieder stabilisieren. Der Versuch, die Transplantation aufzuschieben, war gescheitert. Nun stand endgültig fest: Nur eine Herztransplantation konnte mein Leben retten.

Jetzt hatte ich noch den Gedanken zu verarbeiten, dass ich mit dem neuen Herzen möglicherweise auch nicht lange leben würde. Die Wahrscheinlichkeit, fünf Jahre nach der Transplantation noch am Leben zu sein, lag damals bei 75 Prozent. War das eine gute Chance?

Ich entschied mich schnell. Besser fünf Jahre als ein halbes Jahr oder weniger. Wie sich herausstellte, hatte ich die richtige Entscheidung getroffen. Nach nur einem Monat auf der Warteliste wurde ich transplantiert. Die Zeit des Wartens war sehr schwierig, mit vielen Tiefschlägen und Schwäche. Ich litt unter der dauernden Trennung von meiner kleinen Tochter, meiner ganzen Familie und schließlich auch von meinen Freunden. Über allem stand das schlechte Gewissen, auf den Tod eines anderen Menschen zu warten. Aber eines Tages schloss ich damit Frieden. Mir wurde klar, dass dieser Mensch auch sterben würde, wenn ich nicht auf ein Spenderorgan warten würde, und so gelang es mir auch, es später sofort als mein eigenes anzunehmen.

Immer wieder verschlechterte sich mein Gesundheitszustand. Ich musste erneut auf die Intensivstation und wurde auf die höchste Dringlichkeitsstufe gesetzt. Was für ein Glück, denn wie sich nach der Operation herausstellte, hätte ich nur noch wenige Wochen mit meinem eigenen kranken Herzen leben können. Manchmal fühlte ich mich im Klinikum wie lebendig begraben und glaubte, dass ich nie wieder frische Luft atmen würde. Ich konnte keine fünf Minuten mehr am Tisch sitzen. Es war einfach unerträglich, aber trotzdem gab ich den Mut nicht auf. Nie vergesse ich den Augenblick, als an einem Sonntagabend im Dezember 1992 um 23 Uhr der Herzchirurg in OP-Kleidung in mein Zimmer kam und mich fragte, wie es mir gehe. Da wusste ich sofort: Mein Herz ist da. Was für ein glücklicher Moment! Er ist mit Worten kaum zu beschreiben. Ich wusste, von nun an geht es wieder bergauf. Ich hatte keine Angst vor der Operation. Ich wusste, alles wird wieder gut. Ich war bereit, weiter zu kämpfen.

Nach der Operation tat ich den ersten Atemzug ohne Maschine und bekam zum ersten Mal wieder richtig Luft. Das war ein unvergleichlich schöner Moment! Ich war zurück im Leben und voller Dankbarkeit, vor allem dem Spender gegenüber, der mir das größte Geschenk gemacht hatte, und gegenüber dem Team des Krankenhauses. Ich war aber auch dankbar für die Möglichkeiten des medizinischen Fortschritts. Schon drei Tage nach der Transplantation konnte ich wieder ohne Luftnot im Flur des Klinikums spazieren gehen. Unvorstellbar, aber wahr.

Die Zeit nach der Transplantation war nicht einfach, oft eine Herausforderung. Aber ist es das Leben nicht immer? Drei Wochen nach der Transplantation durfte ich nach Hause. Im ersten Jahr zeigte mein Körper Abstoßungsreaktionen. Sie konnten aber medikamentös behandelt werden. Ich musste mich vor ansteckenden Krankheiten in acht nehmen. Denn die Medikamente, die Immunsuppressiva, die ich einnehmen muss, damit mein Herz nicht als Fremdkörper abgestoßen wird, schwächen meine Immunabwehr. Mit der Zeit lernt man, auch damit umzugehen, und im Laufe der Jahre relativiert sich alles.

Ich stehe wieder voll im Berufsleben, bin Mutter, Ehefrau, Tochter und Hausfrau und genieße das Leben. Ich bin dankbar dafür, dass ich die letzten 20 Jahre mit meiner Familie und meinen Freunden verbringen durfte. Vor allen Dingen, dass ich für meine kleine Tochter Julia da sein konnte, die mittlerweile schon erwachsen ist. Ich habe wunderbare Jahre geschenkt bekommen. Es ist sicherlich nicht selbstverständlich, dass man 20 Jahre nach einer Herztransplantation noch eine so gute Lebensqualität hat.

Gerade nach den Skandalen in der letzten Zeit verstehe ich, wenn Menschen zweifeln, ob sie Organspender sein möchten oder nicht. Ich kann sehr gut nachvollziehen, dass einen viele Ängste beschäftigen. Ich möchte jeden ermutigen, sich intensiv mit dem Thema Organspende auseinanderzusetzen und sich vor allem auch die Frage zu stellen, ob man selbst im Falle eines Falles ein Organ annehmen würde, wenn dies die einzige Überlebenschance wäre. Ich jedenfalls bin bereit, nach meinem Tod die Organe, die trotz der starken Medikamente, die ich nehmen muss, noch funktionstüchtig sind, einem Menschen zum Weiterleben zu spenden. Ich bin so froh, dass ich dieses großartige Geschenk der Nächstenliebe selbst in Empfang nehmen durfte. Ich hatte bisher 20 Jahre Glück, ich lebe!

Angelika Breuer (geb. 1964) lebt seit 20 Jahren mit einem neuen Herzen. Sie ist verheiratet, hat eine Tochter und lebt mit ihrer Familie in Aldenhoven-Siersdorf in der Nähe von Aachen. Sie ist als Beamtin bei der Stadt Baesweiler beschäftigt.

Jens Peter Erichsen

Ein Wunder für die Ärzte

Trotz Fehlstart arbeitet die Niere

Wieder setzte der Oberarzt die lange Nadel auf meiner Bauchdecke an. Mit einem heftigen Ruck – und einem durchdringenden Schmerz – drang die Nadel durch die unbetäubten Hautschichten vor bis tief in die Niere. Ein zweiter heftiger Ruck zurück – und alles schaute gespannt, ob denn bei diesem, dem bereits fünften Versuch, eine Probe aus der Niere im Röhrchen gelandet wäre. Doch da war nichts. „Machen wir es nochmal", sagte der Oberarzt. „Das schadet ja nichts!"

In diesem Moment war ich am Ende. Das Bangen und Hoffen der letzten Tage, die Behandlungen mit allen verfügbaren Medikamenten samt starken Nebenwirkungen, die Anstrengungen, alles richtig zu machen – und dann ein Arzt, der so wenig Sensibilität für meine Situation aufbrachte – das war zu viel. Ich brach zusammen und konnte die Tränen nicht mehr zurückhalten.

Was war geschehen? Ich war zweiundzwanzig Jahre alt und studierte im dritten Semester Theologie. Seit meinem fünfzehnten Lebensjahr hatte eine fortschreitende Entzündung meine Nieren zerstört. Im Alter von einundzwanzig Jahren hatten sie ihren Dienst aufgegeben und ich war fortan auf die Blutwäsche angewiesen. Dreimal in der Woche lag ich für vier Stunden an der Dialyse-Maschine, die mein Blut – damals mehr schlecht als recht – von Giftstoffen befreite. Anschließend hatte ich extrem hohen Blutdruck, so dass ich mit rasenden Kopfschmerzen nur im Dunkeln in halb sitzender, halb liegender Position den Tag überstehen konnte. Gegen Abend wurde die Übelkeit meist so groß, dass ich mich übergeben musste. Erst danach spürte ich Erleichterung, so dass ich am nächsten Tag die Lehrveranstaltungen in der Universität besuchen konnte. Die Behandlung schränkte mich beim Studium sehr ein. Drei Tage in der Woche fielen praktisch komplett aus.

Meine Hoffnung war eine Nierentransplantation. Konnte sie mich wieder unabhängig von der Dialyse machen? Würde ich voll am Leben teilnehmen und mit ganzer Kraft studieren können? Unsere junge Ehe litt unter den Herausforderungen der Erkrankung. Wir waren als Frischverheiratete überfordert, mit meiner körperlichen Schwäche und der Unsicherheit im Blick auf das Kommende umzugehen. Meine Frau wollte nicht die Rolle der Krankenschwester einnehmen – und ich konnte ihr nicht die Kraft geben, die sie sich von mir wünschte. Würde eine Nierentransplantation uns entlasten?

Und dann kam der Anruf – mitten in der Silvesternacht 1987/88: „Wir haben eine Niere für Sie!“ Wie oft hatte ich mir diesen Moment vorgestellt! Was ist, wenn der Arzt anruft? In welcher Situation wirst du sein? Was musst du beiseitelegen, um in kürzester Zeit in der Klinik zu sein?

All das war am frühen Neujahrsmorgen vergessen. Jetzt zählte nur noch, schnell aus dem Bett zu kommen, meiner Frau ein paar Termine zu sagen, die sie für mich absagen sollte, und mich dann auf den Weg zu machen. Wie aus einer großen Distanz erlebte ich mich selber, wie ich mir schnell mit der Bürste durch das Haar fuhr, die nötigen Utensilien zusammenpackte, das Taxi bestellte und mich dann von meiner Frau verabschiedete.

In der Klinik angekommen, ging alles sehr schnell. Ein paar Fragen – „Sind Sie nüchtern?“ – ein paar aufklärende Sätze – „Sie wissen ja schon Bescheid“ –, das OP-Hemd angezogen und dann durch die Schleuse in den Operationssaal. „Zählen Sie mal von eins hoch!“, sagte der Anästhesist. Dann war ich weg.

Die Operation verlief erfolgreich, das Organ wurde im Bauchraum an die großen Blutgefäße und an die Blase angeschlossen, und nun hätte die Niere ihre Arbeit aufnehmen können – aber sie wollte nicht „anspringen". Der Körper erkannte trotz hoher Dosen von Immunsystem unterdrückenden Medikamenten das Organ als fremd. Er kämpfte dagegen. Weitere Medikamente wurden herangeholt und gespritzt, spezielle Substanzen, die die Krankenkasse pro Dosis über 2 000 D-Mark kosteten. Ich bekam hohes Fieber und mein Körper rang mit dem neuen Organ. Vierzehn Tage lief der Kampf, bis der Professor, der mich behandelte, sagte: „Wir sind am Ende unserer Möglichkeiten. Jetzt kann nur noch ein Wunder helfen!"

Ob Gott dieses Wunder tun würde?, fragte ich mich. Immer noch versuchte ich, alles richtig zu machen. Bis zu jener anfangs geschilderten Untersuchung. Bis zu diesem kalten: „Das schadet ja nichts!" Nachdem ich aufgehört hatte zu weinen, wurde ich ruhig. Mir wurde immer klarer: Ich selber kann nichts mehr tun. Ich muss loslassen, die Entscheidung aus der Hand geben, vertrauen. „Du bleibst bei mir, Gott, auch wenn es mit der Dialyse weitergehen muss." Das wurde ein echter Trost für mich. Zwei Tage später lief die Niere. Einfach so. Ein Wunder für die Ärzte.

Vier Jahre lang kam ich ohne Dialyse aus, widmete mich ganz dem Studium und schloss es erfolgreich ab. Dann verlor das Organ seine Kraft und ich musste wieder regelmäßig zur Dialyse. Doch die Forschung war weitergegangen. Diesmal ginge es mir nach der Blutwäsche erheblich besser. In den kommenden sechs Jahren konnte ich trotz Dialyse mein Vikariat absolvieren und meine erste Pfarrstelle antreten. Die Dialysezeiten nutzte ich, so gut es ging, zum Lesen oder zur Predigtvorbereitung. Trotzdem blieb der Wunsch, mich wieder ohne diese Abhängigkeit bewegen und in die Gemeindearbeit einbringen zu können. Doch dieses Mal wurde die Wartezeit erheblich länger. Zum einen war und ist mein Gewebetypus relativ selten, zum anderen war ich – Gott sei Dank! – kein Notfall.

Die Jahre gingen ins Land und ich dachte nicht mehr täglich an eine mögliche Transplantation. Der Chor unserer Kirchengemeinde fuhr am Jahresbeginn zu einem Probewochenende. Mitten in der Nacht weckte mich plötzlich der Freizeitheimleiter mit den Worten: „Die Klinik hat angerufen!“ Es ging wieder los. Zehn Jahre nach der ersten Transplantation wurde mir am 11. Januar 1998 zum zweiten Mal eine Niere eingesetzt. Nach anfänglichen Komplikationen arbeitet sie jetzt schon viele Jahre verlässlich und gibt mir die Möglichkeit, mein Leben nahezu „normal“ zu leben. Dafür bin ich äußerst dankbar.

Bei den positiven Auswirkungen, die die Transplantation auf meinen Gesundheitszustand hatte, ist es nicht verwunderlich, dass ich dem Thema Organtransplantation grundsätzlich sehr wohlwollend gegenüberstehe. Oft erlebe ich, wenn dieses Thema angesprochen wird, jedoch Abwehr. Mit Fragen, die sich um Sterben und Tod drehen, setzen Menschen sich nicht gern auseinander. Sie verdrängen, dass Leben begrenzt ist – oder wollen doch wenigstens nicht „vor der Zeit“ daran erinnert werden.

Eine große Unsicherheit empfinde ich auch dort, wo Menschen über den eigentlichen Todeszeitpunkt diskutieren und fragen, ob die Hirntod-Feststellung schon dazu berechtigt, zu sagen: „Dieser Mensch ist gestorben.“ Hinter der Frage steht die Sorge, dass man einem Menschen, der noch nicht im vollen Sinne tot sei, Organe entnehmen könnte. Die Diskussion über den Hirntod als verlässlichem Todeszeitpunkt ist ein großer Hinderungsgrund für viele, einen Organspendeausweis auszufüllen.

Ich erinnere mich an einen Abend im Jugendbibelkreis, bei dem wir über Organtransplantationen sprachen. Auch hier spielte die Frage nach dem Todeszeitpunkt eine Rolle. Dabei wurde mir klar, dass der Hirntod den Punkt darstellt, an dem ich meine Organe nicht mehr brauchen werde, weil das Gehirn sie nicht mehr steuern kann. Von diesem Zeitpunkt an haben sie in meinem Körper keine Funktion mehr.

Und wenn ich meine Organe eindeutig nicht mehr, nie mehr brauchen werde, dann kann ich sie auch weitergeben – wann auch immer ich für tot erklärt würde. Seitdem trage ich einen Organspendeausweis bei mir. Die Vorstellung, im Falle meines (Hirn-)Todes noch jemandem mit einer Hornhaut, einer Leber oder was sonst noch zu brauchen wäre, helfen zu können, erfüllt mich mit Freude und Dankbarkeit.

Irgendwann einmal las ich in einer Zeitschrift von einer dienstälteren Krankenschwester. Sie begründete ihre Kritik an der Transplantationsmedizin damit, dass hier dem gesellschaftlichen Trend, die Gesundheit als höchstes Gut über alles zu stellen und damit das Thema Sterben aus dem Bewusstsein zu verdrängen, Vorschub geleistet würde. Sie kritisierte die vielen medizinischen (auch Tier-)Versuche, die in der Forschung gemacht werden mussten, um in der Transplantationsmedizin zum heutigen Stand zu kommen.

Auch mir wird mulmig zumute, wenn ich Menschen das verbreitete „Hauptsache gesund!" sagen höre. Aus vielfacher Erfahrung weiß ich, dass auch ein Leben mit Krankheit ein sehr erfülltes Leben sein kann. Umgekehrt ist jemand, der körperlich gesund ist, deswegen noch lange kein glücklicher Mensch. Die medizinisch-wissenschaftliche Forschung darf nicht alles Mögliche versuchen. Niemals darf beispielsweise das Leben eines Menschen gegen das Leben eines anderen abgewertet werden. Die Grenzen dessen, was ethisch verantwortbar ist, müssen im gesellschaftlichen Diskurs immer wieder gefunden, überprüft und dann auch eingehalten werden. Die Angst vor dem Tod und der Wunsch, das Sterben zu überwinden, dürfen nicht zu ethisch bedenklichen wissenschaftlichen Handlungsweisen führen.

Dennoch ist uns auch der Verstand gegeben, der im Rahmen der ethisch verantwortbaren Grenzen echte Heil- oder Hilfsverfahren in der Medizin entwickeln und anwenden kann. Nach meiner Auffassung gehört die Transplantationsmedizin in dieses Feld hinein, wenn sie die Freiheit der Entscheidung zu einer Organspende einerseits und die Notwendigkeit der stetigen Überprüfung der ethischen Rahmenbedingungen anderseits anerkennt.

In meinem Engagement für die Aufklärung über Organspende in der Öffentlichkeit wurde ich während meines Studiums einmal gefragt, was ich denn als angehender Pfarrer dazu sagen würde, dass einem gestorbenen Menschen für eine Transplantation ein Organ entnommen würde, um es einem lebenden einzusetzen. Ich antwortete: Ich kann das nur aus meiner eigenen Sicht bedenken. Wenn ich einen so plötzlichen Tod sterben müsste, dann würde mich die Vorstellung froh machen, dass ein anderer mit einem Teil meines Körpers weiter – und besser leben kann.

Dann wurde ich selbst Empfänger eines Organs, das im Körper eines fremden Menschen gearbeitet hatte. Nun war sie oder er gestorben – ich erhielt in keinem Fall Kenntnis von der Identität des „Spenders". Dabei wurde mir bewusst: Er oder sie ist nicht für mich gestorben. Die Tatsache des Todes war unumstößlich – ob nun mit oder ohne Organspende.

Nach meiner zweiten Transplantation lag ich im Krankenhaus zusammen mit einem jungen Mann und dessen Vater. Der junge Mann war knapp zwanzig. Der Vater hatte ihm gerade die Leitung einer Einzelhandelsfiliale anvertraut. Und er hatte ihm eine Niere gespendet. Beide – und wahrscheinlich die ganze Familie – waren im Vorfeld psychologisch betreut und mit vielen Aspekten dieser Lebendorganspende (die insgesamt sehr viel bessere Erfolgsaussichten hat als die Organspende eines Verstorbenen) vertraut gemacht worden. Und doch hatte ich ein mulmiges Gefühl, als ich die beiden so erlebte. Ob sie mit den möglichen Abhängigkeiten, die aus so einer Situation entstehen können, gut umgehen könnten? Was ist beispielsweise, wenn zukünftig ein Konflikt um die Betriebsführung entsteht und der junge Mann sich verpflichtet fühlt, seinem Vater Recht zu geben, weil der ihm ein Organ gespendet hat? Würden sie einander auch wirklich wieder freigeben können?

Hätte ich ein Organ von einem lebenden Angehörigen angenommen?, fragte ich mich. Auch in der längeren Wartezeit damals kam für mich diese Möglichkeit nie in Betracht. Selbst heute würde ich es für mich wohl nicht wollen. Die Vorstellung, dass der Lebendspender einmal in eine Situation kommen könnte, in der er sein gespendetes Organ schmerzlich vermissen müsste (weil beispielsweise die verbleibende Niere ihren Dienst einstellt), wäre für mich ein wesentlicher Hinderungsgrund. Dass andere das anders entscheiden, kann ich nachvollziehen und auch gutheißen, wenn sie sich genügend darauf vorbereitet haben.

Ich trage immer einen Organspendeausweis bei mir. So will ich es allen Betroffenen im Falle meines Todes erleichtern, die nötigen Schritte einzuleiten. Außerdem habe ich mit meinen Angehörigen darüber gesprochen, damit sie in so einer Situation nicht unvorbereitet sind. Das gehört für mich zu einem verantwortlichen Umgang mit Leben und Tod dazu.

Im Alter von siebenundvierzig Jahren schaue ich heute auf eine Krankheitsgeschichte zurück, die mit einer Nierenentzündung vor 32 Jahren begann. Mir ist bewusst, dass ich ohne die medizinischen Therapien von Blutwäsche und Organtransplantation bereits vor 25 Jahren am Ende meines Lebens gestanden hätte. Wäre ich hundert Jahre früher geboren, hätte ich diese Erkrankung nicht überlebt. Deshalb bin ich sehr dankbar für die geschenkte Lebenszeit. Ich bin dankbar für die Möglichkeiten, die mir dadurch in meinem Leben gegeben wurden und werden. Ich bin dankbar für die vielen Menschen, die ich auf diesem Weg kennen gelernt habe und die viel für mich getan haben. Und ich hoffe, dass noch möglichst viele Menschen durch solch hilfreiche Therapien geheilt werden können.

Jens Peter Erichsen (geb. 1965) ist Pfarrer für Missionarische Dienste. Er ist verheiratet und lebt in Cottbus.

Marita Donauer

Ob mein Bruder es genauso gemacht hätte?

Einer Schwester wird zugemutet, zu entscheiden

Wie aus heiterem Himmel wurden meine Familie und ich mit der Frage nach einer Organspende konfrontiert. 2006 starb plötzlich mein geliebter Bruder Karl (46) infolge einer Hirn-Aneurysma-Blutung. Dem Thema Organspende stand ich schon immer positiv gegenüber, aber dass es einmal so unmittelbar über uns hereinbrechen würde, damit hatten wir nicht gerechnet. Die bis dahin abstrakte Organspende wurde plötzlich zur traurigen Realität. Ich musste außerdem für einen anderen entscheiden, dessen Meinung dazu mir nicht explizit bekannt war. Wir hatten uns leider nie über dieses Thema unterhalten.

Das war auch das größte Dilemma für mich: für jemanden entscheiden zu müssen, der seine Entscheidungen bislang selbst getroffen und immer größten Wert auf seine Autonomie gelegt hatte – und das in einer emotionalen Ausnahmesituation. Das fühlte sich für mich so an, als hätte ich meinen Bruder entmündigt oder den Respekt ihm gegenüber verloren, denn ich hatte seinen Tod einfach noch nicht als real angenommen. Seit der Diagnose Hirn-Aneurysma, mit der Eröffnung, dass es den Tod zur Folge haben könnte, und der Frage nach einer Organspende waren gerade einmal 36 Stunden vergangen. Und obwohl der zuständige Oberarzt die Frage sehr sensibel an uns herangetragen hatte, stand sie für uns doch plötzlich im Raum und ich musste eine Entscheidung treffen.

Das ist eine der Fragen, die man nur mit Ja oder Nein beantworten kann. Man kann nicht nicht antworten, sich also der Verantwortung entziehen, denn keine Antwort wäre auch eine Antwort – in diesem Falle Nein. Als Angehörige kann man sich nicht herausreden mit: „Wir konnten uns damals einfach nicht entscheiden." Diese Aussage würde bedeuten, dass man sich nicht durchringen konnte, eine Zustimmung zu geben. Damit entscheidet man sich gegen eine Organspende. Sich nicht zu entscheiden geht also nicht, wenn die Frage erst einmal im Raum steht. Wie auch immer die Entscheidung ausfallen wird: Als Angehörige muss ich damit leben!

Ich habe so entschieden, wie ich meinen Bruder wahrgenommen habe: als empathischen, altruistischen Menschen. Daher konnte meine Antwort nur lauten: „Ja, wir stimmen zu." Das war für mich auch insofern beruhigend, als meine Entscheidung mit meiner eigenen positiven Einstellung vereinbar war. Obwohl ich zu diesem Zeitpunkt die einzige entscheidungsberechtigte Person war – mein Bruder war geschieden, seine Kinder noch minderjährig, unser Vater gestorben, die Mutter schwer demenzkrank und ich die einzige Schwester –, habe ich die Entscheidung zusammen mit meinem Mann, der Lebensgefährtin meines Bruders und seiner früheren Frau getroffen. Wir waren einmütig der Meinung, dass eine Organspende das einzig Sinnvolle in dieser sinnlosen Situation sei. Ob mein Bruder ebenso entschieden hätte? Ich weiß es nicht, aber ich vertraue darauf, dass er meine Entscheidung verstehen würde. Ich hoffe, dass die Organe gerecht und nach dem von Eurotransplant vorgesehenen Verteilungsprinzip ohne finanzielle Machenschaften und Vorteilsnahme verteilt wurden und dass es den Empfängern seiner Organe gut geht.

Dennoch empfinde ich es als Zumutung, wenn man von seinen Angehörigen so eine Entscheidung in einer emotionalen Ausnahmesituation erwartet. Und das tut jeder, der sich nicht zur Organspende äußert. Wie man sich entscheidet – pro, contra oder pro mit Einschränkungen –, ist jedem selbst überlassen, aber man sollte sich äußern, indem man die eigenen Wünsche auf einem Organspendeausweis dokumentiert oder die eigene Haltung mit den Angehörigen bespricht.

Dass wir in dieser Situation in der Lage waren, eine klare Entscheidung zu treffen, ist in erster Linie der hervorragenden Betreuung im Krankenhaus zu verdanken. Zunächst wurde alles getan, um das Leben meines Bruders zu retten. Die erforderlichen Maßnahmen wurden uns detailliert erklärt. Keine Frage, die wir stellten, war den Ärzten zu viel, auch und gerade, was den Hirntod anbelangt. Zum Beispiel die Frage, was ihn vom „normalen Tod" unterscheidet. Auf der Intensivstation durften wir kleine Rituale vollziehen. Wir stellten zum Beispiel Fotos auf und hielten eine Andacht zusammen mit dem Krankenhaus-Seelsorger. Diese Rituale halfen uns dabei, die unpersönliche Atmosphäre der Intensivstation ein wenig zu überwinden, meinen Bruder ins Leben zu integrieren, obwohl er nicht ansprechbar war, und besser mit der schlimmen Realität fertig zu werden.

Es gelang Ärzten und Pflegepersonal, eine Atmosphäre des Vertrauens, Verständnisses und Ernstgenommenseins zu schaffen – meiner Meinung nach ist das die fruchtbare Basis für spätere Gespräche im Hinblick auf die Organspende. Wir wurden in keiner Weise moralisch unter Druck gesetzt. Die Ärzte machten uns deutlich, dass man unsere Entscheidung für oder gegen die Organspende respektieren würde. Sie rieten uns dringend, keine vorschnelle Entscheidung zu treffen. Umfassend informierten sie uns über die Abläufe der Organspende und räumten uns die Möglichkeit ein, nach der Organentnahme Abschied von meinem Bruder zu nehmen. Das war uns sehr wichtig, denn das bewusste Verabschieden hat die Endgültigkeit seines Ablebens für uns real und begreifbar gemacht. Wir konnten uns davon überzeugen, dass man mit unserem Verstorbenen würdevoll umgegangen war. Er sah nicht entstellt aus. Wir wurden professionell, wohltuend mitfühlend und dennoch ohne Sentimentalitäten begleitet, vom Krankenhauspersonal in der Akutsituation und von der Deutschen Stiftung Organspende (DSO) im Rahmen der „Nachsorge für Spenderfamilien“ – weit über das hinaus, was wir erwartet hatten.

Trotz der emotionalen Ausnahmesituation sind die Angehörigen in der Lage, die Situation richtig einzuschätzen und zu begreifen, wenn man ihnen die einzelnen Schritte und Maßnahmen erklärt und ihnen klarmacht, dass die Rettung des Patienten und nicht ein potenzieller Organempfänger auf der Warteliste im Vordergrund steht.

Völlig überraschend erhielt ich etwa zwei Monate nach der Organentnahme einen Brief von der DSO-Koordinatorin. Darin stand, mein Bruder habe sieben anderen Menschen helfen können. Was für eine wunderbare Nachricht und was für ein Trost! Gerade die „halb-anonymen“ Beschreibungen der Personen, die die Organe bekommen hatten, ließen reale Menschen vor unserem geistigen Auge erscheinen. Zum Beispiel hieß es, ein vierzigjähriger Mann habe die Lunge erhalten. In dem gleichen Brief wurden wir auch darauf aufmerksam gemacht, dass es die Möglichkeit gäbe, an einem von der DSO organisierten Treffen für Angehörige teilzunehmen. Auch wenn es im persönlichen Umfeld viele freundliche und hilfsbereite Menschen gibt, die Trost spenden und für einen da sind, hat der Austausch mit Betroffenen, die das gleiche Schicksal erlebt haben, eine andere Dimension. Durch die Anwesenheit von engagierten Organempfängern wurde den Angehörigen von Organspendern bewusst vor Augen geführt, was es bedeutet, wenn ein Mensch durch Organspende eine neue Lebensqualität erlangt.

Wenig später traf der anonyme Dankesbrief des Empfängers der Lunge ein. Das i-Tüpfelchen für uns! Wir haben an einem konkreten Beispiel erfahren dürfen, was es heißt,

wenn ein kranker Mensch durch eine Organspende eine neue Chance bekommt. Dieser Brief half uns sehr, die Trauer zu bewältigen. Er spendete uns viel Trost und gab mir das Gefühl, endlich loslassen zu können. Im Brief schrieb er, er hoffe, dass seine Worte mir ein wenig Trost spenden würden, denn es fehlte ja jemand in unserer Mitte. Er sei mir und dem Spender unendlich dankbar, wir hätten ihm mit unserer Entscheidung zur Freigabe der Organe das Weiterleben ermöglicht. Auch wenn das Spenderorgan nicht unbegrenzt funktionieren würde, so hätten wir ihm doch einen Kindheitstraum erfüllt, nämlich den, einmal tief durchatmen zu können. Er wisse nicht, ob es ein Trost für mich sein könne, zu hören, wie es ihm gehe. Aber vielleicht helfe mir in meinem Schmerz zu wissen, dass es da jemanden gibt, dessen Leben gerettet werden konnte. Er könne nur eines sagen: Danke.
Alle diese Dinge haben dazu beigetragen, dass ich mich heute aktiv für die Organspende engagiere. Irgendwie lebt mein Bruder in meinen Aktivitäten weiter. Ich nehme an Schulungen der DSO für Intensivpflege-Personal teil, halte Vorträge bei Patientenverbänden (Organempfänger) und stelle mich als Interview- und Gesprächspartnerin für Organempfänger, Krankenkassen und Zeitschriften zur Verfügung. Mir ist klar geworden, dass wir alle in der Verantwortung stehen, etwas für unsere Mitmenschen zu tun. Würden wir nicht alle – von wenigen Ausnahmen abgesehen – ein fremdes Organ annehmen wollen? Sich mit Organspende auseinanderzusetzen und eine Entscheidung zu treffen, ist jedem zuzumuten, denke ich, auch wenn dies bedeutet, sich mit der eigenen Endlichkeit auseinandersetzen zu müssen. Die Entscheidungslösung ist eine sehr gute Möglichkeit, die eigenen Wünsche kundzutun. Die Entscheidung auf die Angehörigen abzuwälzen, ist eine Belastung, die jeder vermeiden kann.

Natürlich stellt sich – angesichts der Organspendeskandale – die Frage, ob man überhaupt Vertrauen in das System haben kann. Selbstverständlich fühlt man sich hintergangen, wenn man erfährt, dass bei der Organverteilung finanzielle Interessen im Vordergrund gestanden haben könnten. Hatte ich bis dahin nie Zweifel daran, mit der Zustimmung zur Organspende die richtige Entscheidung getroffen zu haben, bekam ich nun welche. Dennoch überwiegt bei mir die positive Haltung. Das verdanke ich den Begegnungen mit vielen dankbaren Empfängern.

Und ich bin mir im Klaren darüber, dass ich auch einmal selbst auf ein fremdes Organ angewiesen sein könnte. Den meisten Menschen ist leider nicht klar, dass die Möglichkeit, selbst einmal Organempfänger zu werden, wesentlich höher ist, als die zum Spender zu werden. Viele würden nehmen, wollen aber nicht geben. Daher habe ich erst kürzlich auf meinem Organspendeausweis vermerkt, dass ich zwar weiter uneingeschränkt Organspender bin, meine Organe vorrangig aber nur an solche Personen verteilt werden dürfen, die ebenfalls im Besitz eines Organspendeausweises sind und das nicht erst seit ihrer Erkrankung.

Marita Donauer (geb. 1963) ist Management-Assistentin. Sie ist verheiratet, hat eine Tochter und lebt in der Nähe von Kaiserslautern.

Christine Franke

Ich verstehe alle, die sich verweigern

Eine Krankenhausseelsorgerin erzählt aus der Praxis

Seit fünf Jahren begleite ich Menschen im Deutschen Herzzentrum Berlin. Diese Menschen sind sehr verschieden: 52 oder 24 oder sechs Jahre alt, sie kommen aus Berlin, dem Saarland oder Russland. Sie haben sich auf ihre Herzoperation vorbereitet oder sind als Notfall eingeliefert worden, hatten einen Herzinfarkt oder eine Lungenembolie. Viele von ihnen warten auf ein neues Herz, eine Lunge oder beides.

Ich denke an Lena, neunzehn Jahre alt. Eine gute Schülerin mit einem lustigen Gesicht, eine liebevolle große Schwester für die elfjährige Sara, frisch verliebt und begeisterte Judoka. Eines Tages kippte sie vor dem Fernseher einfach um. Eine Herzmuskelschwäche. In der Klinik wurde sie stabilisiert, später sägte man ihr den Brustkorb auf, schnitt ihr das Herz und die Lunge heraus und verpflanzte – im Versuch, ihr das Leben zu retten – in diesen hohlen Raum Herz und Lunge eines verstorbenen Menschen.

Als sie nach der Operation langsam wieder ins Leben zurückkehrte, nahm sie an, sie sei nun am Ziel des Weges angekommen. In Wirklichkeit war dies aber erst der Anfang. Mühsam musste Lena wieder lernen, selbst zu atmen. Sämtliche Muskeln waren schwach – die zum Atmen, zum Verdauen, zum Laufen. Alles war schwierig, unangenehm, beängstigend.

Lena machte sich Vorwürfe, dass sie nicht „besser“ war, nicht schneller wieder auf die Beine kam. Vorwürfe auch, weil sie sich manchmal so mutlos fühlte, keine Lust hatte, sich schon wieder auf so einen mühsamen Tag einzulassen. Sie fragte sich, ob sie so viel gute Medizin, Technik, Pflege, Geduld und die neuen Organe tatsächlich verdient hätte. Tapfer schluckte sie herunter, dass sie manchmal einfach nur müde und traurig war. Meist biss sie die Zähne zusammen.

Judo würde Lena nicht mehr machen können. Als sie ihr das sagten, war sie verzweifelt. Fast mehr noch als an dem Tag, an dem ihr Freund Schluss machte. Er hat sich eine Beziehung mit einer chronisch Kranken – denn nach einer Transplantation ist man das – nicht zugetraut.

Monate später: Lena hat trotz der von ihr gefürchteten Nebenwirkungen jeden Tag ihre Immunsuppressiva geschluckt. Der Körper merkt ja, dass ein fremdes Organ in ihm ist und will es abstoßen. Mit Medikamenten soll ihr Körper lernen, Fremdes anzunehmen. „Wie kann ich lernen, Fremdes anzunehmen?“ – lange haben wir uns mit dieser Frage beschäftigt. Was freut mich am Fremden? Was macht mir Angst? Mal erzählte Lena von ihrer Sehnsucht, Fremdes zu erleben und aufzunehmen, dann wieder von ihrer Angst, sich selbst nicht mehr auszukennen, nicht mal in den Gefühlen und Äußerungen ihres eigenen Körpers. Sie ließ sich von mir aus der Bibel erzählen, wie Gott die Welt und die Menschen geschaffen hat – so fühlte sie sich nicht mehr so fremd in ihrem eigenen Körper – und von dem Einzigartigen, vom Ewigen, das Gott in ein Menschenleben legt. Lena ist einige Wochen nach ihrer Transplantation gestorben.

Tilmann, sechsundzwanzig Jahre, wartete auf eine Lunge, denn er hat Mukoviszidose und konnte kaum atmen. Optimistisch nahm er jeden Rückschlag auf. Ein Organ kam – und dann war es nicht „gut“ und er musste, schon im OP, wieder zurück aufs Zimmer – „Macht nichts, nächstes Mal klappts!“, sagte er. Er hatte den Job verloren, weil er zu krank war, um die erwünschte Leistung zu bringen –

„Macht nichts.“ Er wolle sowieso lieber studieren, und das würde er auch tun!

Tilmann versuchte immer, die anderen zu ermutigen. Nur ganz leise äußerte er auch Schuldgefühle darüber, dass er so sehr auf den Tod eines Menschen wartete, um ein Organ zu bekommen, dass er den Wetterbericht daraufhin hörte, ob gehäuft Unfälle passieren könnten. Er war ein wenig bitter einer Medizin gegenüber, die „so einen“ aus ihm gemacht hatte.

Endlich kam die Lunge, Tilmann wurde transplantiert. Er kam wieder auf die Beine und spazierte auf diesen Beinen und am Arm seiner überglücklichen Freundin in ein Leben mit Studienplatz und mit einer durch die Familie umgebauten Wohnung. Vieles musste verändert werden, vom Herausreißen sämtlicher Teppiche über das Weggeben von Katze Heuler und aller Topfpflanzen bis hin zum Einbau einer zweiten Toilette. Tilmann war so voller Freude und Dankbarkeit! „Ich habe dieser Lunge hier ein neues Zuhause gegeben“, sagte er. Wir suchten miteinander nach Wegen, wie er seine Schuldgefühle loslassen und seine Dankbarkeit zeigen konnte. Tilmann ist mit seiner Freundin zusammengezogen und studiert jetzt Biologie.

Emily, ein dreijähriges Mädchen, lebte von Geburt an wegen eines schweren Lungenleidens in der Klinik. Ihre Eltern begleiteten sie und waren abwechselnd wochenweise da – seit Jahren war ihr Tagesablauf an den Stationsalltag angepasst. Sie kannten sich hier besser aus als manche junge Lehrschwester. Emily begrüßte mich immer mit ihrem hinreißenden Lächeln auf dem Flur. Kaum größer als eine Einjährige saß sie auf ihrem geliebten Bobbycar. Sauerstoff bekam sie über einen Schlauch. Sie hatte blaue Lippen, denn ihr Herz war zu groß – es pumpte das Blut zu schnell durch ihren kleinen Körper.

Die Eltern hatte das Warten und Bangen und Hoffen, die Angst um ihr Kind, die abgesagten Operationen zermürbt. Manches angebotene Organ erwies sich noch Minuten vor der Operation als nicht passend, dann wurde alles wieder abgesagt. Zermürbt hatte sie auch das Leben im Krankenhaus, fernab der Thüringischen Heimat und des eigenen Alltags. Ich fürchtete um ihre Ehe. Die beiden kreisten ausschließlich um Emily und nahmen sich gegenseitig kaum noch wahr. Emilys Mutter wurde immer schmaler. Sie erzählte, wie schmerzhaft sie ihre große Tochter Annelie, sieben Jahre alt, vermisste – und wie schlimm es für beide war, sich immer wieder zu trennen, wenn sie ein weiteres Mal für einige Wochen zu Emily ins Krankenhaus fuhr. Annelie war schlecht in der Schule geworden und nässte nachts wieder ein. Ich bestärke Emilys Mutter darin, dass es gut ist, dass sie so viel für ihr krankes Kind tut.

Als eines Tages ein Organ für Emily kam, waren die Eltern und die Mitarbeitenden der Station überglücklich. Ich besuchte Emily auf der Intensivstation – da lag sie, einen Beatmungsschlauch im Mund, mit Drainageschläuchen, die das Wundwasser aus ihrem kleinen Körper ableiteten, umgeben von piependen Apparaten, die ihre Existenz in Zahlen und Kurven darstellten. Alle um sie herum sorgten sich, Emilys Leben zu erhalten. Die, die dort arbeiten, sind emotional sehr beteiligt und brauchen einen Menschen, mit dem sie darüber reden können. An mir war es, das Warten mit auszuhalten und die Hoffnung, die alle für Emily hatten, zu stärken. Emily ist mit ihren Eltern nach Hause gefahren und besucht jetzt die zweite Klasse.

Herr Gärtner war dreiundfünfzig. Eine nicht auskurierte Erkältung war es: Herr Gärtner, kaum fieberfrei, ging gleich wieder zur Arbeit als Hausmeister in einem Jugendhaus. „Die brauchen mich da – und ich mach's ja auch gerne!", sagte er. Er ignorierte die immer häufiger auftretende Luftnot und die Schwierigkeiten beim Treppensteigen. Seine Leistungen ließen nach; das versuchte er zu verbergen – zuerst vor sich selbst, dann auch vor den Kollegen. Irgendwann stellte sein Arzt eine Herzmuskelentzündung fest. Ein Herzunterstützungssytem wurde ihm eingebaut. Wenig später erfuhr Herr Gärtner, dass ihm nur noch eine Transplantation helfen könne. Er war geschockt. Anfang fünfzig – und das Ende, der Tod, rückte ihm ins Bewusstsein; nun musste er sich damit auseinandersetzen – er, Helmut Gärtner, der mit seiner Frau noch so viele Reisen machen, auf Rockkonzerte gehen, mit seinen Enkeln spielen und die Raten für das Haus abzahlen wollte! Bisher konnte er seine Lebensgeschichte als offene Geschichte denken, als Geschichte ohne Ende – jetzt war der Gedanke an den Tod mit seiner eigenen Existenz verbunden. Dass der Tod zum Leben gehört, das wusste er zwar, aber nun war er wirklich selbst damit gemeint. Diesem Gedanken hätten wir in unseren Gesprächen nachspüren können, hätten überlegen können, was bisher war, was noch möglich ist und was offenbleiben müsste. Herr Gärtner traf die Entscheidung aber gegen dieses vorsichtige Herantasten an sein Sterben – er entschied sich für die Transplantation.

Die Wartezeit auf sein neues Herz musste er im Krankenhaus zubringen, und das fiel ihm täglich schwerer. Er versuchte, sich handwerklich nützlich zu machen und zu beschäftigen, er war ja schließlich „nicht krank!" – aber das ist in einem geregelten Stationsablauf schwierig. Dass niemand Verwendung für ihn, sein Knowhow, seine guten Ideen hatte, brachte ihn an den Rand der Verzweiflung. Er wurde immer trauriger und stiller. Er fragte sich, ob die Transplantation wirklich sein Weg sei. Letztlich blieb er dabei, weil er sich sagte, er könne sich nicht einfach zur Unzeit aus seinem Leben schleichen, mitten aus angefangenen und nicht abgeschlossenen Aufgaben; er könne denen, denen er sich als Ehemann, Vater, Großvater, Freund, Kollege verpflichtet hatte, nicht nur offene Versprechen und unerledigte Aufgabenberge zurücklassen.

Herr Gärtner hielt lange Zeit durch. Er gab sich Mühe, ein „guter" Kandidat zu sein, einer also, der nicht zu mager wird, aber auch nicht zu dick, einer, der ruhig, mutig und optimistisch wirkt, einer, der körperlich und geistig weder zu stark, noch zu schwach erscheint – denn nur so bleibe er auf der Transplantationsliste, sagte er mir. Luftnot, Schwäche und Verzweiflung nahmen zu. Todesängste und Panikattacken musste er bewältigen. „Werde ich es bis zur Transplantation schaffen?“, fragte er. Und weil er klug war, dachte er mit mir darüber nach, wie das wohl werden würde, wenn er nach der Transplantation nach Hause käme und „wieder der Chef“ sein wolle.

Herr Gärtner wollte in allem sehr gut sein – als Ehemann, Kollege und Patient. Aber was ist, wenn man keine sehr guten Leistungen vorweisen kann? Was kann wachsen, wenn die Leistungsfähigkeit abnimmt? Darüber haben wir geredet. Und auch darüber, ob er bereit sei für das neue Leben als Transplantierter. Herr Gärtner ist nach langen Monaten des Wartens im Krankenhaus gestorben.

In diesen Beispielen kommen sehr grundsätzliche Fragen zur Organspende auf. Als Seelsorgerin begleite ich Menschen dabei. Ich frage mit den Fragenden: „Ich habe ein neues Herz – aber: Wo fängt die Persönlichkeit an?“ Was gehört zur Individualität eines Menschen, ab wann ist das nicht mehr austauschbar oder ersetzbar? „Ich bin so dankbar für das neu geschenkte Stück Leben – wie kann ich das bloß äußern?“ „Ich fühle mich schuldig, weil ich auf den Tod eines Menschen gewartet habe – darf ich mich an dem neuen Organ wirklich freuen?“

Ich als Seelsorgerin bin traurig mit den Traurigen: Mein altes Herz, meine alte Lunge – bisher haben sie zu mir gehört; jetzt sind sie – einfach weg. Ich freue mich mit den Glücklichen: Endlich ist das Herz implantiert – ich bin so dankbar. Wie kann ich die mir geschenkte Lebenszeit gut nutzen? So unterschiedlich die Lebensgeschichten der Menschen sind, so unterschiedlich sind auch die Gefühle in dieser Situation.

Besonders eindrücklich in Erinnerung geblieben ist mir eine fünfzigjährige Frau, die sich mit der Entscheidung für eine Transplantation sehr schwer getan hat. Sie sagte:

„Wenn ich nicht genau wüsste, dass es eine freiwillige Organspende war – ich würde wahnsinnig werden. Wenn *das* nicht freiwillig wäre, könnte ich damit nicht leben."

Ich begleite Menschen, die mit der Entscheidung eines sterbenden Angehörigen für die Organspende umgehen müssen, genauso wie die, die vor der Entscheidung stehen, ob sie für ihren verstorbenen Angehörigen einer Organspende zustimmen. Eine schwere Frage, gestellt in einer schweren Zeit. Keiner hat es da leicht, weder die Gefragten noch die Fragenden. Auch die Ärztinnen und Pfleger kommen bei jedem Menschen, jedem Schicksal auf der Station mit ihren eigenen Gefühlen, Ängsten, Hoffnungen in Berührung. Viele Gefragte sagen dann: Nein. Sie wollen den geliebten Menschen im Sterben nicht allein lassen.

Einige Beispiele, an die ich denke:

Eine Tochter: „Ich habe nicht den Geist oder die Seele meiner Mutter geliebt – ich habe meine *Mutter* geliebt – mit Geist und Seele und ihrem lieben Körper; wenn ich sie umarmt habe, hat mich ihre Wärme so getröstet."

Ein Bruder: „Er soll einfach einschlafen. Wegdämmern. Nicht noch mal reinschneiden!"

Ein Vater: „Ich kann meine Kleine doch gerade jetzt nicht allein lassen!"

Eine Ehefrau: „Er soll in Ruhe rübergehen in die andere Welt. Sein Körper soll so bleiben."

Obwohl sie gut aufgeklärt sind über den Hirntod ihrer Angehörigen, trauen sie ihren Augen und ihrem Gefühl mehr und wollen den Sterbenden nicht allein lassen.

Nur wenige Menschen, so jedenfalls habe ich es erlebt, geben im Sterbeprozess eines Angehörigen ihre Einwilligung zu einer Organspende. Entweder entsprechen sie damit der Lebenshaltung des Angehörigen oder sie wollen dem Tod dieses Menschen stellvertretend „einen Sinn geben".

Als Seelsorgerin begleite ich die Menschen. Ich weiß nicht für sie, wofür sie entscheiden sollen und wofür nicht, ich gehe mit oder neben ihnen. Im Bild gesprochen: Ich begleite sie wie eine „zweite Stimme“, deren Aufgabe es ist, die erste besser zu Gehör zu bringen. Wenn es gelingt, bin ich dankbar. Ich bin froh über Psalmen und Lieder in unserem Evangelischen Gesangbuch. Sie kleiden in Worte, wofür einem die Worte manchmal fehlen. Ich brauche die Worte dieses sturmerprobten Glaubenslebens, in die man sich bergen kann, ob als Sterbende, Angehörige, Mitarbeiter oder Seelsorgerin.

Im Laufe meines Dienstes sind theologische Fragen in mir gewachsen – Fragen, wie sie der Hamburger Theologe Fulbert Steffensky stellt: „Wie lernt man, wenn der Zwang zum Können so groß geworden ist, zu fragen, was man nicht tun darf? Wie entkommt man dem Machbarkeitswahn?“ Darf man um jeden Preis alles tun – bloß, weil man es kann? Das hab ich mich nach Herrn Gärtners Tod gefragt. Bis zuletzt hat er auf das technische Können gehofft, ohne den Gedanken an das Sterben zuzulassen. Seine Tochter hat mir Wochen später erzählt, dass er das ganz zuletzt tief bedauerte.

Ich bin misstrauisch geworden gegenüber der einseitigen Werbung für die Organspende. Sie suggeriert, irgendwann einmal werde es genug Organe geben, wenn nur viele spenden. Nein, es wird nie genug sein können, denn durch Transplantationen werden Retransplantationen möglich – wenn ein Patient sein erstes Transplantat verliert und in der Folge erneut transplantiert wird. Das ist eine Kette ohne Ende.

Ich wünsche mir in Bezug auf das Thema Organspende eine sorgfältigere Sprache, die zum Beispiel Tod und Hirntod nicht gleichsetzt. Für mich ist der Mensch eine leib-seelische Einheit, nicht sein Gehirn allein macht ihn aus. Die Hirntoddiagnose kennzeichnet nur den Beginn des Sterbeprozesses. Oder eine Sprache, die das Sterben vieler Menschen nicht auf „zu wenige Organe“ zurückführt, sondern auf die Tatsache, dass diese Menschen sehr schwer krank sind. Ich denke, wir Menschen spüren im Grunde sehr genau, wo wir überredet statt überzeugt werden sollen. Etwa wenn der Arzt sagt: „Ihre Frau war doch ein sehr sozialer und großzügiger Mensch, nicht wahr?“

Ich habe Hochachtung vor einer wohlüberlegten Entscheidung, die aufgrund umfassender, ehrlicher Information erfolgt ist. Ich verstehe aber auch alle, die sich wegen ungenügender Informationen und moralischen Drucks verweigern. Als moralischen Druck sehe ich es an, wenn ich zum Beispiel vom Werbeplakat an der Bushaltestelle sinngemäß gefragt werde: „Ich gebe alles für Dich – und was gibst Du?“ Oder wenn sogar der Nationale Ethikrat die Bereitschaft zur postmortalen Organspende ethisch als die objektiv vorzugswürdigere Alternative bezeichnet, empfinde ich das als eine Form der moralischen Nötigung. Bevor man das so sagt, müsste man zunächst einmal erklären, ob man eigentlich noch Respekt vor Nichtspendern hat, und wenn ja, warum.

Schweres in meiner Arbeit trage ich im Gebet zu Gott. Die Krankenhauskapelle ist ein wunderbarer Ort der Besinnung und der religiösen Symbole. Manches schreibe ich mir von der Seele oder gehe in die Natur. Gut ist auch das geschwisterliche Gespräch unter Christen und die Supervision. Manchmal aber liege ich nachts wach, weil mich Erlebtes nicht loslässt.

Ich finde es nicht gut, beim Thema Organspende moralisch zu urteilen und Etiketten zu verteilen, nach dem Motto: Das ist „richtig“ und das ist „falsch“. Jede und jeder hat das Recht, sich entweder für eine Spende oder für ein Sterben ohne Eingriffe von außen zu entscheiden, denn jede und jeder weiß für sich selber, was für sie oder ihn passt und was nicht. Jede Lebensgeschichte mündet in ein je eigenes Sterben. Ich finde gut, was Rilke sagt: „O Herr, gib jedem seinen eignen Tod, das Sterben, das aus jenem Leben geht, darin er Liebe hatte, Sinn und Not.“

Christine Franke (geb. 1957) ist verheiratet und hat zwei Söhne. Sie ist Krankenhausseelsorgerin im Deutschen Herzzentrum Berlin.

Karen Joisten

Jede Lebensgeschichte gibt eine eigene Antwort

Eine Philosophin plädiert gegen ein Ja und ein Nein zur Organspende

Zugegeben, der Untertitel dieses Beitrages klingt vermutlich ein wenig befremdlich, hoffentlich aber nur beim ersten Lesen. Denn er soll verdeutlichen, worum es im Folgenden geht. Es soll gegen eine Position Stellung bezogen werden, die sich im Blick auf das Thema der Organspende herausnimmt, *allen* Menschen *eine* Antwort geben zu wollen, sei dies die prinzipielle Befürwortung oder die prinzipielle Ablehnung der Organspende. Es soll also nicht in dieser oder jener Hinsicht Stellung bezogen, sondern darauf aufmerksam gemacht werden, worum es vielleicht eher – auch in einem ethischen Kontext – gehen sollte: jeden einzelnen Menschen als konkreten Menschen mit einer besonderen Lebensgeschichte zu (be)achten, jeden einzelnen Menschen entschieden und ehrlich freizusetzen, damit er seine persönliche Entscheidung in seiner lebensgeschichtlichen Situation treffen kann, und ihm, unabhängig davon, wie diese Entscheidung aussieht, Respekt und Anerkennung entgegenzubringen.

Motiviert sind diese Überlegungen von meiner Einschätzung der gegenwärtigen Lage. Das echte und offene Sich-Einsetzen für einen Entscheidungsraum des Einzelnen scheint mir vielerorts ein Lippenbekenntnis zu sein. Schaut man nämlich in Dokumente, Informationsbroschüren und Stellungnahmen offizieller Institutionen rund um die Organspende, ist die Tendenz eindeutig: Angesichts des tatsächlichen und nicht zu leugnenden Organmangels ist die Zahl der Organspenden zu erhöhen. Vor dem Hintergrund dieses Faktums werden die mündige Bürgerin und der mündige Bürger dazu aufgefordert, sich zu informieren. In der Regel geht diese Informationseinforderung mit der Aufforderung einher, sich endlich mit dem eigenen Tod (und dem eigenen Leben) auseinanderzusetzen. Denn nur eine informierte Bürgerin, ein informierter Bürger wird ... Wie sollte der Satz beendet werden? Was wird sie oder er tun? Erwartet wird, dass sie oder er nach ausreichender Information die Bereitschaft zur Organspende erklärt, einen Organspendeausweis ausfüllt und unterschreibt und darin ihrer oder seiner Beistandspflicht dem Mitmenschen gegenüber nachkommt.

Ich betone erneut: Es geht mir an dieser Stelle nicht um ein Eintreten für oder gegen die Organspende, sondern um das Aufweisen der gegenwärtigen und meiner Meinung nach in sich widersprüchlichen Tendenz: einerseits dem Organmangel öffentlichkeitswirksam und forciert entgegenwirken zu wollen und andererseits so zu tun, als würde jede persönliche Entscheidung, sei diese dafür oder dagegen, voll und ganz auf Akzeptanz stoßen, und es käme allein darauf an, sich wenigstens zu entscheiden. Hat man aber bereits die Marschroute vorgegeben: „Wir brauchen deine Organe" – und die Weichen in diese Richtung gestellt –, wird ein Rezipient wohl schwerlich glauben können, seine Antwort selbst wäre gleich-gültig und wichtig sei nur, dass er eine Entscheidung getroffen habe. Vielleicht resultiert aus dieser Tendenz daher auf einer sozialpsychologischen Ebene (sicherlich unbeabsichtigt) eine Wirkung, die Ähnlichkeit mit der eines Erwachsenen hat, der einem Kind gegenüber zwar bekundet, es dürfe tun und lassen, was es wolle, den Rohrstock aber bereits hinter dem Rücken bereithält, falls es sich nicht in seinem Sinne verhält. Denn mein Eindruck ist, dass die Aufforderung zur Organspende in der Bevölkerung als Druck, Organe spenden zu sollen, empfunden wird, und das mit ihm daherkommende Bekunden „Entscheide dich, wie du es persönlich willst“ als getarnte Offenheit, der man sich möglichst entziehen möchte.

Vielleicht kann ein kurzer Blick in die „Stellungnahme“ des Nationalen Ethikrates aus dem Jahr 2007 dabei helfen, diesen Eindruck zu konturieren. Veröffentlicht wurde sie unter dem programmatischen Titel „Die Zahl der Organspenden erhöhen – Zu einem drängenden Problem der Transplantationsmedizin in Deutschland“ (www.ethikrat.org/archiv/nationaler-ethikrat/stellungnahmen).

Schaut man sich die Stellungnahme an, beruht die Argumentation des Ethikrates auf einer Zielsetzung, nämlich der Erhöhung der Anzahl der Organspenden. Man geht von einem faktischen Organmangel aus, macht von hier aus einen „Vorschlag“ und gibt „Empfehlungen“, um diesen Zustand zu überwinden. Es geht folglich nicht um ein Abwägen und Diskutieren unterschiedlicher Positionen, sondern angesichts der niedrigen Zahl von Organspenden um das Ausarbeiten eines „Stufenmodells“, mit dessen Hilfe man dieser Mangelsituation Herr werden kann. Das transplantationsmedizinische Faktum (es fehlen den Kliniken Organe) wird dergestalt zur ethischen Forderung (es müssen Organe bereitgestellt werden), die mittels der Empfehlungen des Ethikrates erfüllbar scheint.

Führen wir uns die Ausgangslage ausschließlich auf der Basis der „Stellungnahme“ deutlicher vor Augen. In Deutschland gebe es „einen gravierenden Mangel an Spenderorganen. Dieser führt dazu, dass pro Jahr etwa 1 000 Personen, die auf der Warteliste für eine Transplantation stehen, sterben, weil ihnen nicht rechtzeitig ein geeignetes Spenderorgan zur Verfügung gestellt werden kann.“ Man versuche in Deutschland dem Mangel dadurch entgegenzuwirken, dass man sich aus anderen Ländern „im Rahmen des Eurotransplant-Verbundes“ Organe zukommen lässt.

Fragt man mit Hilfe des Ethikrates nun nach dem Grund für den Organmangel, würde dieser, so die Antwort, nicht darin zu suchen sein, dass „es an der notwendigen Bereitschaft zur Organspende" fehle. Denn es gäbe zwar „in der Bevölkerung durchaus Vorbehalte gegen eine Organspende", allerdings würden diese „nur bei etwa 20 Prozent der Bevölkerung" zur Erklärung führen, „selbst nicht Organspender sein zu wollen. Dagegen befürworten mehr als 80 Prozent der Menschen in Deutschland die Organspende im Allgemeinen und zwei Drittel erklären sich grundsätzlich bereit, selbst Organspender zu sein; etwa zehn Prozent sind jeweils unentschieden." Es zeige sich demnach in den Umfragen eine „erklärte Spendebereitschaft", die „durch die gegenwärtige Praxis nicht ausgeschöpft" werde. Nach dieser Logik trägt die vorgestellte Stellungnahme des Ethikrates letztlich dem Willen der Bevölkerung Rechnung, trägt also dem Rechnung, dass in der Bevölkerung etwas nicht getan wird, nämlich Organe zu spenden, „obwohl man es im Grunde nicht ablehnt".

Es ist an dieser Stelle nicht möglich, schrittweise den Argumentationsgang der Stellungnahme detailliert aufzuschlüsseln. Aber angesichts der hier verfolgten Absicht, die gegenwärtige in sich widersprüchliche Tendenz aufzuzeigen, kann zumindest ein ethischer Aspekt herausgehoben werden. Wichtig scheint es dem Ethikrat zu sein, den Akt der Organspende als praktizierten Akt der Nächstenliebe und – nicht nur christlich, sondern auch im humanistischen/humanitären Sinne sprachlich zum Ausdruck gebracht – als praktizierten Akt der Mitmenschlichkeit zu verstehen. Spende ich meine Organe, folge ich daher dem Gebot der Nächstenliebe und dem Gebot der Mitmenschlichkeit. „Dem ethischen Gebot, auf der organisatorischen und der rechtlichen Ebene Möglichkeiten des Helfens und Heilens zu nutzen, entspricht auf der individuellen Ebene die Beistandspflicht, wie sie sich aus dem elementaren Gebot der Nächstenliebe oder der Mitmenschlichkeit ergibt. Die Bereitschaft zur postmortalen Spende ist in diesem Sinne als praktische Bewährung jener Solidarität anzusehen, die einem von schwerer Krankheit oder dem Tod bedrohten Mitmenschen geschuldet ist. Dieses Zeichen der Hilfsbereitschaft verdient Anerkennung und Hochschätzung."

Ins Zentrum der Argumentation rückt der von Krankheit oder vom Tod bedrohte Mitmensch, dem man mit Hilfe der Organspende helfen kann, sagen wir es nun präziser, helfen soll. Was ist aber mit demjenigen, der nicht spenden will? Wie wird, so könnte man in der Umkehrung dieser Blickrichtung folglich fragen, der nicht Spendenbereite angesehen? Welches Bild wird von ihm unter der Hand vermittelt? Betont wird an verschiedenen Stellen der Stellungnahme explizit und nachdrücklich die Freiwilligkeit der Entscheidung des Organspenders, zu der es gehört, dass die Entscheidung zur Spende seinem „eigenen, freien Entschluss entspringen sollte". Dreht man aber das Ganze in eine Verneinung um, dreht man also die Aussage „Spende ich meine Organe, folge ich dem Gebot der Nächstenliebe und dem Gebot der Mitmenschlichkeit" um, scheint derjenige, der – aus welchen Gründen auch immer – nicht spenden will, seiner Beistandspflicht nicht nachzukommen. Er scheint nicht dem elementaren Gebot der Nächstenliebe oder der Mitmenschlichkeit zu folgen. Es gelingt ihm wohl auch nicht, seiner Solidarität gegenüber seinen notleidenden Mitmenschen gerecht zu werden. Unabhängig davon, ob diese Umkehrung der Blickrichtung intendiert war oder ist – und ich vermute, dass dies nicht der Fall war –, schwingt sie unter der Hand dennoch mit. Von hier aus tritt die oben behauptete Tendenz zum Vorschein, einerseits dem Organmangel entschieden entgegenwirken und andererseits den Anschein erwecken zu wollen, jede persönliche Entscheidung – sei diese dafür oder dagegen – voll und ganz anzuerkennen.

Vielleicht kann man einen anderen Weg einschlagen, der zwar andere Schwierigkeiten und Hindernisse bereithält, aber zumindest diese Tendenz nicht begünstigt. Man geht bei diesem von der Lebensgeschichte eines Menschen aus, die unverwechselbar und einzigartig ist und innerhalb deren die persönliche Entscheidung eines Menschen ihren Ort hat. Leitend für diesen Ansatz ist die Überzeugung, dass das Wesentliche nicht normierbar ist. Denn das Wesentliche taucht in den Horizonten der Lebensgeschichte jedes einzelnen Menschen auf. Teilt man diese Überzeugung, dann geht man nicht von einer allgemein gegebenen Norm, einem Metastandpunkt, einer bestimmten Messlatte oder einer festen Vorstellung von Normalität aus, von der aus Bewertungen vorgenommen werden. Es handelt sich dann nämlich darum: Man lässt sich ein, nämlich auf (Lebens-)Geschichten, und versucht, sich angesichts der Wirklichkeit, die durch die Geschichten zum Vorschein kommt, angemessen zu verhalten.

Es geht dann um ein bewegliches, der Einzigartigkeit der Person entsprechendes Maß, das man im Blick auf die besondere lebensgeschichtliche Konstellation erfassen kann. Angesichts der konkreten, unverwechselbaren Gegebenheiten in dieser Geschichte wird es eine Ermessenssache, wie man Stellung bezieht, wobei dies nicht gleichbedeutend mit Willkür ist. Denn die „beweglichen" Maßstäbe gehen aus der (Lebens-)Geschichte (mit ihren Geschichten) selbst hervor und von ihr her gewinnt man die wesentlichen und wichtigen Gesichtspunkte, die für die je spezifische Beurteilung von Relevanz sind.

Nimmt man vor diesem Hintergrund – nämlich dem einer narrativen Ethik, wie ich sie verfolge und hier mit einbringe – zum Problem der Organspende Stellung, kann das Spenden von Organen eher als eine durch und durch individuelle Entscheidung zum Vorschein treten und betrachtet werden, die im Kontext der Lebensgeschichte eines Menschen ihren Ort hat (siehe dazu das von mir herausgegebene Buch: Narrative Ethik. Das Gute und das Böse erzählen, Berlin 2007). Beispielsweise ist es denkbar, dass eine Mutter der Organentnahme ihrer Tochter nicht zustimmen möchte, weil sie an einem Grab stehen möchte, in dem der unversehrte Leib ihres Kindes liegt. Vielleicht möchte sie selbst Organe spenden, weil sie weiß, dass man damit Leben retten kann. Vielleicht will sie aber keine Entscheidung vorwegnehmen, weil sie nicht weiß, wie sie sich in der Krankheit verändern und wie sie dann zu dieser Frage Stellung beziehen wird. Vielleicht möchte es aber ihr Mann nicht und sie verzichtet ihm zuliebe darauf, sich als Organspenderin eintragen zu lassen. Vielleicht wünscht eine andere Mutter, dass ihr Sohn einem anderen Kind Organe spendet. Vielleicht wünscht ein alter Mann mit seiner Spendenbereitschaft Leben zu retten. Vielleicht ... vielleicht ... vielleicht ...

Unabhängig davon, wie die Antwort für den Einzelnen konkret ausfällt, bleibt sie seine unantastbare Antwort. Auf diese kann man sich mit Hilfe seiner Geschichte einlassen und dabei versuchen, nicht von außen Beurteilungen vorzunehmen, sondern sich im Kontext der Lebensgeschichte An-Sprüchen zu öffnen, die der Geschichte gemäß sind, den Menschen empfindsam werden lassen und seine Achtsamkeit erhöhen. Zu fragen ist nämlich: Worauf hat der Mensch einen Anspruch? Hat er einen Anspruch auf ein Organ? Oder steckt im Wort An-Spruch nicht vielmehr auch das Vernehmen dessen, das Achten auf solches, was auf uns zukommt? Macht der recht verstandene An-Spruch es nicht geradezu erforderlich, von sich selbst abzusehen und hinzuhören auf das, was vernommen werden kann? Was von einer anderen Lebensgeschichte her erfahrbar wird?

Fragt man in diesen Weisen, setzt man den Einzelnen entschiedener frei, sich in dieser oder jener Form zur Organspende zu verhalten. Er wird dann nicht als Organspender in Anspruch genommen, sondern lässt sich von diesem oder jenen Leidenden und dem Leid ansprechen. Er will dann angesichts des Vernommenen Hilfe leisten und dem An-Spruch durch seine Tat ant-worten. Ver-antwortung übernehmen heißt dann, den aus anderen Lebensgeschichten her vernehmbaren An-Sprüchen gerecht zu werden und mit Wort und Tat Mitmenschen beizustehen.

Karen Joisten (geb. 1963) ist außerplanmäßige Professorin für Philosophie an der Johannes-Gutenberg-Universität in Mainz. Ein Forschungsschwerpunkt ist die Ethik, insbesondere die narrative Ethik. Sie leitet das Weiterbildungsinstitut „Die andere Akademie" in Hannoversch Münden bei Göttingen mit den Schwerpunkten Medizin-, Pflege- und Psychotherapieethik. Sie ist verheiratet und hat eine Tochter.

Franziska Weber

Immer noch unentschieden

Warum es so schwer fällt, den Organspendeausweis auszufüllen

Da liegt er vor mir. Guckt mich an. Gelb, orange, blau. „Organspendeausweis" steht mit weißen Buchstaben auf blauem Untergrund. Daneben der Bundesadler. Wieso ist er da drauf? Symbol einer Autorität, des Staates, der Transplantationen und was dabei erlaubt oder verboten ist, gesetzlich regelt. Handeln darf niemand in Deutschland mit Organen. Bis zu fünf Jahre Freiheitsentzug stehen darauf. „Nach § 2 des Transplantationsgesetzes", lese ich unter „Organspendeausweis".

Was steht da drin? Ich weiß es nicht. Die Präambel des Grundgesetzes kenne ich, die spricht von der Würde, die unantastbar ist. Und das doppelte Gebot der Liebe, das mich auffordert, meinen Nächsten zu lieben wie mich selbst. Aber das Transplantationsgesetz? Als ich zur Schule ging, gab es das noch nicht. Ob es heute selbstverständlich zum Unterrichtsstoff gehört? Seit 1997, als es verabschiedet wurde, hätte ich es tausendmal lesen können. Spätestens 2012, als es noch einmal verändert wurde. Heute schaue ich zum ersten Mal hinein.

„Aufklärung der Bevölkerung, Erklärung zur Organ- und Gewebespende, Organ- und Gewebespenderegister, Organ- und Gewebespendeausweise" steht über § 2. Vermutlich sollte das jeder lesen, bevor er ein Häkchen auf der Rückseite des Organspendeausweises setzt. Zumindest klärt der Paragraf mich über meine Rechte auf. Ich kann „in eine Organ- und Gewebeentnahme einwilligen, ihr widersprechen oder die Entscheidung einer namentlich benannten

Person seines Vertrauens übertragen". Ich darf auch entscheiden, welche Organe oder Gewebe ich spenden möchte oder nicht. Eine Einwilligung für eine Spende oder zu einer Transplantation kann jeder vom vollendeten 16. Lebensjahr an geben. Dem zu widersprechen, ist schon ab dem 14. Lebensjahr möglich. Niemand darf zu einer Erklärung verpflichtet werden, aber die Krankenkassen werden jetzt alle zwei Jahre bei ihren Versicherten nachfragen, ihnen nahelegen, sich zu entscheiden und ihnen einen Organspendeausweis zur Verfügung stellen.

Nur merke ich bisher nichts davon. Meine Krankenkasse hat sich bei mir noch nicht gemeldet. So habe ich Luft. Besser wäre es, mich vorzubereiten. „Entscheidungslösung" heißt das in der Sprache des Gesetzes „zur Regelung der Entscheidungslösung im Transplantationsgesetz", das im Mai 2012 den Bundestag passierte und zum 1. November in Kraft trat. Sich zu entscheiden bleibt auch jetzt freiwillig. Ich kann auch einen Organspendeausweis ausfüllen, ihn bei mir tragen und wieder zerreißen, wenn ich Zweifel bekomme. Aber entscheiden sollte ich mich, dafür oder dagegen.

Wird alles irgendwo gespeichert, was ich auf meinem Organspendeausweis notiere oder meiner Krankenkasse mitteile? Schauen die behandelnden Ärzte im Falle eines Unfalls dann erst in eine Datenbank, ob ich Spenderin bin, bevor sie überlegen, ob sie mein Leben retten? Das ist ein schlimmer Gedanke! Und ein absoluter Hinderungsgrund, mich bereit zu erklären.

Rein rechtlich geht das nicht. Jeder Arzt hat einen Eid geschworen, das Leben seiner Patienten zu retten. Darauf vertraue ich bei jedem Arztbesuch. Würde ich das nicht tun, bräuchte ich keine Minute in einem Wartezimmer zu sitzen. „Das Bundesministerium für Gesundheit kann durch Rechtsverordnung mit Zustimmung des Bundesrates einer Stelle die Aufgabe übertragen, die Erklärungen zur Organ- oder Gewebespende auf Wunsch der Erklärenden zu speichern und darüber berechtigten Personen Auskunft zu erteilen (Organ- und Gewebespenderegister)." Aber erst nach Feststellung meines Todes kann ein Arzt den Antrag stellen, diese Information zu bekommen. Und das darf nur einer, der weder an der Entnahme noch an der Übertragung von Organen oder Gewebe des möglichen Organ- oder Gewebespenders beteiligt ist und auch nicht den Weisungen eines Arztes untersteht, der an diesen Maßnahmen beteiligt ist.

Verstecke ich mich hinter dem Gesetzestext? Genau nachzulesen ist gut. Das sollte auch in jedem Sozialkundeunterricht geschehen. Pflichtlektüre für alle Schülerinnen und Schüler und ständiges Thema im Konfirmanden- und Religionsunterricht. Stoff für Diskussionen, Einüben ins Treffen von schwierigen Entscheidungen, Abwägen ethischer Normen, Begegnung mit Betroffenen. Immer ergebnisoffen, ohne Druck, ohne Wertung.

Aber was wirklich wichtig ist: Ich bin gefragt, was ich will, welchen Text ich verabschieden oder welche Bedenken ich aufrechterhalten will. Ich darf selbst bestimmen. Niemand sagt mir, was ich tun muss, keine Strafe droht, kein Ausschluss aus irgendeiner Gruppe. Es ist ganz allein meine Entscheidung. Und: Ich muss mich noch nicht einmal entscheiden.

Bin ich wirklich frei? Bilder schwirren durch meinen Kopf. Ein Verletzter liegt auf dem Boden, braucht rettende Hände, und alle gehen vorbei, nur einer nicht, der barmherzige Samariter. Gerade der, dem man es gar nicht zugetraut hatte. So geschehen oder einfach nur erzählt vor zweitausend Jahren. Nie veraltet. Bin ich die, die vorbeigeht, wenn ich die Not eines Todkranken sehe und ihm nicht mit meinen Organen helfe? Nicht zur Verfügung stelle, wenn ich sie – nach jetzigem menschlichem Ermessen – nicht mehr brauche? Darf ich trotzdem Nein sagen und glauben, dass Gott jedem Menschen sein Lebensmaß zugemessen hat, und wenn das abgelaufen ist, es an uns ist, das anzunehmen? Aber sollte Gott wirklich für jeden eine Schublade mit der ihm geschenkten Lebenszeit eingerichtet haben? Sollte er so klein denken?

„Niemand hat größere Liebe als der, der sein Leben hingibt für seine Freunde", lese ich im 15. Kapitel des Johannesevangeliums. Muss ich mich dann nicht für eine Spende entscheiden, selbst wenn das bedeuten sollte, dass mein Sterben durch eine Organentnahme verkürzt wird? Nein, ich muss nicht. Ich darf gar nicht müssen. Für Menschen, die mit meinem Organ weiterleben, ist es überlebenswichtig, dass sie wissen: Ich habe diese Spende ganz freiwillig verfügt.

An den eigenen Tod habe ich schon oft gedacht. Als Kind hatte ich ständig Angst davor, konnte nur schlafen, wenn ein Lichtschein ins Zimmer fiel. Mutter half mir, ließ im Nebenzimmer Licht an, manchmal auch die Tür einen Spalt offen. Ich schob die zugezogene Gardine ein wenig auf, damit ich vom oberen Doppelstockbett aus draußen die Straßenlaterne sah und spürte: Ich lebe noch, ich bin noch da. Die Schwester einer Freundin aus der Klasse war gestorben, ich litt Höllenqualen und glaubte, Gott würde auch mich holen. Mein Leben war aus den Fugen, meine Sicherheit, mein kindliches Vertrauen geborsten, dass alles gut wird. Heute ist das anders.

Ein Freund sagte, als er vierzig wurde: Wenn ich jetzt sterben würde, wäre das in Ordnung. Ich hatte ein schönes Leben, es war nicht alles einfach, aber ich habe viel erleben dürfen. Dafür bin ich dankbar. Mit fünfzig sage ich mir das auch. Nur von meinem Sohn möchte ich mich nicht trennen. Vielleicht braucht er mich noch. An den Tod zu denken, ist für mich nicht so schrecklich. Ich glaube, dass am anderen Ufer ganz nah bei Gott Liebe, Licht und Geborgenheit auf mich warten. Ganz egal, wie das aussieht. Und ich glaube, ich werde dann auch Liebe, Licht und Geborgenheit sein.

Aber vorher? Werden die Ärzte alles tun, um mein Leben zu retten, wenn irgendwie doch durchgesickert ist, dass ich eine potenzielle Organspenderin bin? Und – falls ich mir das aus hohem Respekt vor dem Ethos der Ärzte positiv beantworte: Wird es weh tun, wenn Ärzte meinen Körper aufschneiden, um Organe herauszuholen? Werden sie mich vorsichtshalber betäuben, darf ich das irgendwo verlangen? Wird jemand daran denken, wo die Ärzte doch meinen, ich sei tot? Durch meinen Körper strömt ja noch Blut. Das Gehirn, das uns Schmerzen empfinden lässt, ist zwar unwiderruflich tot, seine Funktionen erloschen, aber vielleicht gibt es ja etwas wie einen empfindsamen Rest in mir? Hirntote haben schon Babys ausgetragen, Fieber bekommen, ihre Temperatur reguliert, Reflexe und Gesten gezeigt – erfahre ich aus den Medien. Auch wenn der Sterbeprozess unumkehrbar ist, werde ich weiter wie eine Lebende behandelt? Mit Anästhesie, Zuwendung, liebevollem Streicheln – und wo steht das, wer garantiert mir, dass so mit mir umgegangen wird? Oder werde ich nur ein Ersatzteillager sein wie das Auto meiner älteren Schwester, das sie uns Geschwistern nach 18 Jahren Laufzeit zum Ausschlachten für noch brauchbare Teile anbietet?

Vielleicht tötet mich die Operation zur Organentnahme früher, als ich sonst sterben würde? Mein Vater starb mehrere Tage lang und wir saßen Tag und Nacht an seinem Bett. Was genau geschieht in mir, wenn meine Gehirnfunktionen nur noch als flache Linie, als Flatline, aufgezeichnet werden können, aber meine Organe noch durch die Energie einer Herz-Lungen-Maschine arbeiten, das Herz schlägt, die Lunge atmet, Sauerstoff transportiert wird, das Blut zirkuliert? Ich kann mir das als medizinischer Laie nicht beantworten. Wen kann ich fragen? Wer wird mir frei von Interesse, mich für die Organspende zu gewinnen, antworten? Wer sitzt an dem gebührenfreien Infotelefon für die Organspende 0800/9 04 04 00? Ein Arzt, ein Pfarrer, ein Ethiker, ein Sachbearbeiter der Bundeszentrale für gesundheitliche Aufklärung?

Von außen arbeitet, wenn ich hirntot bin, die Maschine, aber innen? Ist da noch ein Rest des Lebens, das Gott mir bei der Geburt eingehaucht, mir geschenkt, für mich „bereitgestellt" hat? Kann ich mit einem Organspende-Ausweis eigentlich darüber verfügen, als wäre es meins und nicht nur auf befristete Zeit geliehen? Was ist, wenn ich leiblich auferstehe, aber innen hohl bin? Kann ich dann überhaupt noch auferstehen? Was frage ich da? Bei Gott sind alle Dinge möglich. Aber fragen können möchte ich dürfen. Jeder darf das.

Wenn ich den Ausweis nicht ausfülle und morgen tödlich verunglücke oder akut krank werde – wer soll dann für mich entscheiden? Mein sechsundzwanzigjähriger Sohn, der nicht genau weiß, wie ich darüber denke, weil ich es selbst nicht weiß? Der damit kämpfen müsste, dass er seine Mutter verliert? Meine taffe jüngere Schwester, die immer für alles eine Idee hat, aber niemals über den Kopf eines anderen hinweg entscheiden will? Meine achtzigjährige Mutter? Ich würde sie in schwere Konflikte bringen. Und egal, wie sie auf die Frage des Arztes antworten würden, sie müssten dann auch noch damit weiterleben – womöglich mit einem ständigen Druck, es nicht richtig gemacht zu haben. Ob ich für oder gegen eine Organspende votiere, jetzt, bei vollem Bewusstsein, wie auch immer – jede Entscheidung ist besser als gar keine, zumindest, wenn ich an meine Familie denke.

Und wenn ich einer Spende zustimme? Warum tue ich das dann? Will ich mir beim lieben Gott ein schönes Plätzchen verdienen durch so viel selbstlose Hingabe? Aber verdienen geht nicht, wie uns Martin Luther wieder beigebracht hat, ich bin ja evangelisch. Nicht doch ein klitzekleines bisschen? Will ich gut sein, besonders gut, mich gut fühlen, ein besserer Mensch sein, mich selbst dafür mehr lieben können, als es mir sonst gelingt, weil ich dann etwas wirklich Großartiges tue, meinem Leben vielleicht – erst – einen Sinn verleihe? Mich ein bisschen weiterleben lasse?

Immer noch liegt der Ausweis unausgefüllt vor mir. Im April vorigen Jahres war ich im Immanuel-Krankenhaus in Berlin-Wannsee. Bei der Anmeldung fiel mein Blick auf das Infoblatt des Deutschen Evangelischen Krankenhausverbandes. „Organspende Leib und Leben: kostbar – verletzlich – ein Geschenk" stand da. Unten, in gewohntem Gelb, Orange und Blau nicht zu übersehen, aber doch unaufdringlich, sah ich ein perforiertes Feld zum Heraustrennen mit dem Organspendeausweis. „Wir bitten Sie, sich mit dem Thema Organspende auseinanderzusetzen." Klar, dachte ich, in den nächsten Tagen hast du dafür Zeit. Das machst du. Das Infoblatt bot mir dafür die Hilfe der Stationsärzte oder Krankenhausseelsorgerinnen an, falls ich Fragen hätte. Zum ersten Mal sah ich öffentlich einen Organspendeausweis ausliegen. Wieso nicht öfter, dachte ich, warum liegt er nicht in jedem Krankenhaus, jeder Arztpraxis, jeder öffentlichen Einrichtung? Ich war stolz auf „meinen" Evangelischen Krankenhausverband und dieses konfessionelle Krankenhaus in freikirchlicher Trägerschaft. Mitgenommen habe ich das Infoblatt, sogar zweifach. Nur ausgefüllt habe ich das kleine Papier immer noch nicht.

Jetzt stehe ich wieder vor dieser so schwierigen Frage: ausfüllen oder nicht?

Und wenn ich selbst einmal ein Organ bräuchte, um geheilt zu werden? Habe ich dann das Recht, eine Spende zu erhalten, wenn ich der Organspende selbst nicht zugestimmt habe? Manche Spender vermerken das auf ihrem Ausweis. Ihre Organe dürfen nur Menschen bekommen, die selbst Organspender sind. Rein rechtlich darf mir wohl niemand aus diesem Grund ein rettendes Organ verweigern. Aber wie würde ich mich dabei fühlen?

Ich weiß auch, dass ich meine Organe nicht mehr brauchen werde, wenn das Hirn tot ist. Und selbst, wenn ich noch einen Schmerz spüren sollte, wenn mein Sterbeprozess verkürzt werden würde durch eine Organentnahme: Ein Mensch könnte weiterleben. Vielleicht auch ein junger

Mann, so alt wie mein Sohn. Das wäre das Wagnis allemal wert.

Meine Fragen sind immer noch nicht alle beantwortet. Wie alle wichtigen Entscheidungen im Leben ist auch diese ein Wagnis in Vertrauen. Ich gebe zu, ich bin eher vorsichtig. Früher flog ich nicht, weil ich Albträume hatte vom Abstürzen, heute bin ich begeistert vom Fliegen. Auf eine Beziehung lasse ich mich nicht so schnell ein, weil ich Angst habe, verletzt zu werden. Es könnte so viel passieren, und ich habe keine Garantien. Im Winter auf das Eis zu gehen, macht mir Angst. Ich habe trotzdem Schlittschuhlaufen gelernt und traue mich bei knackiger Kälte auch über den zugefrorenen Müggelsee. Vom Sprungbett im Schwimmbad springe ich dagegen bis heute nicht. Ich habe einfach Angst. So oft im Leben. Aber ich fühle auch, dass ein großartiger liebender Gott hinter mir steht, der mich hält.

Das Papier scheint auf dem Tisch herumzuwirbeln. Entscheide dich endlich! Die Für und Wider jagen hin und her. Hat eins die Oberhand gewonnen, drängelt sich sofort das andere vor. Ein wildes Gezerre. Unfähig, „Stopp!“ zu sagen und eine Richtung einzuschlagen, verlässt mich die Kraft.

Franziska Weber (geb. 1963) ist ausgebildete Familienberaterin. Sie hat einen Sohn und lebt in Berlin.

Martina Gern

Ich möchte sterben dürfen

Eine Pfarrerin entscheidet sich gegen die Organspende

Nein, ich werde keinen Organspendeausweis bei mir tragen. Das predige ich als Pfarrerin nicht von der Kanzel. Ich nehme auch nicht für mich in Anspruch, dass diese Position eine besonders christliche ist. Vielleicht ist das Gegenteil der Fall. Egal. In letzter Zeit sind mir in mehreren Gesprächen in Gemeinde, Freundeskreis und Verwandtschaft zwei Dinge wichtig geworden.

Erstens: Für mich ist ein großer Unterschied zwischen einer Organspende zu Lebzeiten und einer nach festgestelltem Hirntod. Zu einer Lebendspende bin ich bereit und wäre ich auch immer bereit gewesen unter der Voraussetzung, dass ein Arzt mir versichert: Nach etwa 40 Jahren mit Alkohol und Nikotin kann ich mit gutem Gewissen etwas von mir weitergeben, ohne dem oder der anderen damit ein Übel zuzufügen. Die Lebendspende hat für mich mit Nächstenliebe oder ganz schlicht mit Liebe zu tun und liegt für mich auf derselben Ebene wie meine damalige Bereitschaft, das Pfarrhaus für fast zwei Jahre mit einer Flüchtlingsfamilie zu teilen.

Zweitens: Es gibt für diese Entscheidungsfindung zu einem Ja oder Nein zur Organspende kein absolutes Richtig oder Falsch. Das macht den Prozess des Nachdenkens nicht leichter, aber viel freier. Ich möchte gern jeden und jede dazu ermutigen, sich auf den Weg zur eigenen Entscheidung zu machen, die eben für ihn oder sie selbst – keinesfalls für andere, die sollen sich selbst auf die Suche machen! –, die eben für mich die richtige ist. Vielleicht helfen dem einen oder der anderen Zahlen, Daten und Fakten aus der Transplantationsmedizin oder der Hirntod-Diagnostik. Meine Entscheidung wurde durch solche Informationen weder geprägt noch überhaupt berührt. Es ist bei mir keine Entscheidung des Kopfes, die ich morgen darum widerrufen könnte, weil mir anderes mehr einleuchtet. Trotzdem ist hilfreich zu wissen, dass ich jederzeit neu entscheiden kann. Es ist auch keine emotionale Entscheidung. Meine Sinne und Gefühle greifen für eine solche Entscheidung nicht tief genug. Am ehesten trifft es, wenn ich sage: Meine Entscheidung ist aus meinem Glauben gewachsen. Sie war eigentlich immer schon da, ohne mir bewusst zu sein. Sie ist mit mir alt geworden, ist so etwas wie gebündelte Lebenserfahrung und darum existenziell und individuell.

Eben in unseren Lebenserfahrungen und ihren Deutungen für unser Leben unterscheiden wir uns. Das entzieht sich jeder Bewertung. Selbst meine Brüder denken in manchem ganz anders als ich und erleben das Leben ganz unterschiedlich, um wie viel mehr Menschen aus anderem Lebensumfeld, anderer Generation, Religion oder Kultur. Bei der Entscheidungsfindung Ja oder Nein zur Organspende lernen wir uns selbst besser kennen und unsere Erfahrungen mit Leben und Tod, mit Gesundheit und Krankheit, mit Abschied und Trauer, mit Angst und Hoffnung.

Nein, ich werde keinen Organspendeausweis bei mir tragen! Das war meine spontane Antwort, als ich eines Tages überraschend gefragt wurde, ob ich zur Organspende nach Hirntod bereit sei. Eigentlich hatte ich darüber noch gar nicht abschließend nachgedacht und war selbst überrascht, wie sicher ich mir war. Absolut sicher. Aber warum eigentlich? Was hatte mich geprägt?

Als Erstes spürte ich meine Angst. Wird mir mit der Diskussion um Organspenden das Recht auf meinen eigenen Tod abgesprochen? Ich möchte sterben dürfen, ganz und gar. Nicht, weil oder wann ich es will, sondern zu dem von

Gott bestimmten Zeitpunkt, dem ich mich dankbar und bedingungslos fügen will und werde. Warum? Es geht nicht ohne biografische Notizen.

Ich war neunzehn Jahre alt. Im März 1969 nahm ich teil an einem einwöchigen Einführungskurs für Theologiestudenten an der Ostsee. An Inhalte kann ich mich nicht erinnern. Ich weiß, wer alles dabei war, Referenten und werdende Studenten. Aber vor allem erinnere ich mich, dass ich während dieser Tage zwei Nahtod-Erfahrungen hatte. Ich hatte sie nie vorher und nie danach. An einem freien Nachmittag erlebte ich als Beifahrerin einen Autounfall. Der VW flog aus der Kurve der Landstraße und überschlug sich mehrfach. Ich wurde durch die sich dabei öffnende Tür hinausgeschleudert. Das war lange vor der Anschnallpflicht. Während das Auto trudelte, sah ich mein Leben im Sekundenfilm. Es war schön. Ich war dankbar und entspannt und weg. Fast war es lästig, als ich unter Krachen und Scheppern von Metall erwachte. Wie war ich auf den Acker gekommen? Die Fahrerin stieg aus dem Schrottauto aus, rief meinen Namen und wir lagen uns glücklich weinend in den Armen. Eine gefühlte Ewigkeit dauerte es, bis ich wahrnahm, dass ich hier und da blutete, dass sich oben auf der Straße Menschen angesammelt hatten, dass Polizei da war.

Zwei Tage später: eine schlaflose Nacht. Schloss ich die Augen, fuhr ich im Bett Karussell. Der Unfall!, dachte ich. Dabei hatte ich unerträgliche Leibschmerzen. Ich biss die Zähne zusammen. „Wie siehst du denn aus?“, hörte ich von der Zimmergenossin, als sie morgens erwachte. Der Arzt kam, kurz danach der Krankentransport. Er brachte mich nach Flensburg ins Diakonissenkrankenhaus. Während der Fahrt bekam ich Ohrfeigen von einem unserer Kursbegleiter, damit ich nicht in Ohnmacht fiel. Später hörte ich: Mein Blinddarm war geplatzt. Als ich aus der Narkose erwachte, nahm ich wahr: Ich werde festgehalten. Eine Diakonisse saß an meinem Bett und hielt meine Hand, damit Medizin und Traubenzucker aus dem Tropf mich auch erreichen. Sie saß da tagelang, während ich in Fieberträumen zwischen Tod und Leben dahindämmerte. Etwa vier Wochen blieb ich im Diakonissenkrankenhaus, bis ich transportfähig war für die Reise nach Berlin.

Die Schwestern haben mir geholfen, diese beiden Erfahrungen der Einführungswoche als Berufungserlebnis zu verstehen. Was hat wohl Gott mit mir vor? Wozu lebe ich? So frage ich mich seit damals immer wieder. Seit mein Blinddarm geplatzt ist, weiß ich, dass ich mein Leben auch ärztlicher Kunst und hohem medizinischem Entwicklungsniveau verdanke. Ich bin gesund geworden und lebe seitdem, dankbar für jeden Tag, mit dem Wissen, dass mein Leben begrenzt ist. Mein Leben – das ist die Zeitspanne zwischen Geburt und Tod. Ich liebe den Text des Predigers Salomo, der deutlich macht, dass alles unter dem Himmel die je eigene Zeit hat: „Geboren werden hat seine Zeit, sterben hat seine Zeit" (Prediger 3,2). Jeder Tag ist ein Geschenk für mich. „Du stellst meine Füße auf weiten Raum" (Psalm 31,9b). „Meine Zeit steht in deinen Händen" (Psalm 31,16a) und da ist sie gut aufgehoben. Mein Vertrauen ins Leben ist gewachsen.

Mein Theologiestudium lag hinter mir, da machte ich die ersten Erfahrungen mit Sterbebegleitung und Tod. Meine Großmutter starb neunzigjährig in „meinem" Kinderzimmer. Die letzte Woche verbrachte ich mit ihr die Nächte, streichelte und tröstete sie, wenn sie wach wurde und sich allein fühlte, erzählte ihr von meinem Leben, um sie zu entspannen. Zuletzt war die ganze Familie bei ihr. Sie wählte zum Sterben den Augenblick, als wir Mittag aßen. Sie wollte allein sein. Als ich sie dann sah, entspannt, friedlich, fast fröhlich, dachte ich: Muss Totsein schön sein! So möchte ich auch sterben. Der Tod – ein Freund.

Drei Jahre später starb die zweite Großmutter, wieder in der Wohnung meiner Eltern, die jahrelang ihr Zuhause gewesen war. Sie hatte sechsundachtzigjährig einen Schlaganfall gehabt und konnte nicht mehr sprechen. Rund um die

Uhr war jemand aus der Familie bei ihr. Jetzt war die Zeit meiner Nachtwache. Ich hielt ihre Hand, ihr Kopf lag in meinem Arm und ich erzählte ihr, um sie an Schönes zu erinnern, alles, was sie mir früher von ihrem Elternhaus, ihrer Jugend und ihrer großen Liebe erzählt hatte. Sie war ganz entspannt. Nie wieder habe ich einen so tiefen letzten Atemzug gehört. Ich hielt sie fest und konnte sie doch gehen lassen. Es war für mich ein intimer und glücklicher Augenblick. Ja, so möchte ich auch sterben dürfen: gehalten und nicht allein, an vertrautem Ort. Und ich möchte wie meine Großmütter den Tod als einen Freund willkommen heißen.

Auch meine Eltern haben sich gewünscht, so sterben zu dürfen, und sind doch letztlich, nach jahrelanger Pflege zu Hause, im Krankenhaus gestorben. Die Mutter auf der Intensivstation nach Einsatz aller möglichen Apparate und künstlichem Koma und das mit neunzig Jahren. Mit einem Mal war mir klar: Ohne Apparate-Medizin geht auch keine Organspende. Ich möchte ganz sterben dürfen. Der Atem Gottes machte am Anfang aus dem Lehmkloß einen Menschen (1. Mose 2,7), sein Atem macht, dass ich lebe. Ich möchte mit meinem letzten Atemzug ihm, Gott, zurückgeben, was er mir geschenkt hat (Psalm 104,29).

Eine letzte Erfahrung in diesem Zusammenhang: Ein Freund, er war auch Pfarrer, erkrankte an Leberentzündung und -krebs. Das Krankenhaus, in dem er behandelt wurde, lag in meinem Gemeindegebiet. Wir konnten uns ohne Mühe gegenseitig besuchen. Eines Tages erzählt er: „Nur eine Transplantation kann helfen." Ich erschrak. Und er fuhr fort: „Aber darauf will ich nicht warten. Mein Leben war schön. Die Kinder sind groß. Sie brauchen mich nicht mehr. Ich habe überhaupt nicht das Gefühl, irgendetwas zu versäumen. Ich kann und ich werde gehen." Ich war nicht einverstanden und versuchte, ihn davon zu überzeugen, wie sehr er gebraucht würde. Er ging. Erst viel später begann ich zu verstehen. Er wurde mir Vorbild für das Loslassen-Können.

Das kann ich auch. Ich bin im Ruhestand und übe Loslassen und Abschiednehmen. Ich bin zum Gehen bereit. Die eine oder andere Krankheit will ich gelassen tragen. Großmütter und Eltern sind Vorbild für das Altwerden.

Bei mir wird keiner einen Organspendeausweis finden. Im Umkehrschluss gilt für mich: Wenn einer mir sagt, du kannst nur weiterleben mit Ersatzherz, Ersatzleber oder Ersatzniere, antworte ich „Nein, danke!" und melde mich für das Leben bis zuletzt im Lazarus-Hospiz an, falls ich nicht schon lange in einer Pflegeeinrichtung zu Hause bin. Wenn auch mit Narben und Blessuren, die das Leben schlug, und deutlich gealtert – ich kehre zu meinem Schöpfer zurück, wie er mich einst im Mutterleib gebildet hat, um im alttestamentlichen Bild von Gott und Mensch zu bleiben (Psalm 139,13; Jesaja 49,1; Jeremia 1,5).

Heute lebe ich getreu dem Motto einer namentlich nicht bekannten englischen Ordensfrau: „Heute ist der erste Tag von dem Rest meines Lebens." Oder: „Gib jedem Tag die Chance, der schönste deines Lebens zu werden" (Marc Twain).

Martina Gern (geb. 1949) ist Pfarrerin im Ruhestand und lebt in Rangsdorf, südlich von Berlin.

Ingrid Schröter

Organspende – ein Akt der Nächstenliebe?

Kritische Stimme einer Krankenhausseelsorgerin

Seit 1991 arbeite ich als Krankenhaus-Seelsorgerin. Von Anfang an hatte ich mit dem Thema Organtransplantation zu tun, weil in unserer Klinik in Berlin-Neukölln Menschen auf die Transplantation eines Organs warten. Bis vor zehn Jahren manchmal monatelang – je nachdem, in welcher Verfassung sie sind. Unsere Klinik transplantiert nicht, doch sie bereitet Menschen für eine Organentnahme und für die Verlegung in eines der Transplantationszentren vor.

Wenn jemand das Gespräch sucht, bin ich als Seelsorgerin da. Im Gespräch zeigt sich, worum es in der Seelsorge geht: um Begleitung, auch um Antwort auf die Frage nach den „vorletzten Dingen". Wie wird das sein, wenn ich sterbe? Was bedeutet das für mich, für meine Lieben? Werden sie ertragen können, wenn ich nicht mehr leiden will? Kann ich ehrlich sein? Wie und wo will ich beerdigt werden? Häufig geht es um Beratung bei der Entscheidung für oder gegen eine Organspende und fast immer um die Gestaltung eines Abschieds von einem Verstorbenen. Das Gespräch suchen die Angehörigen, die gefragt werden, ob sie einer Organentnahme bei ihrem Angehörigen zustimmen würden, wie auch die, die auf ein Organ warten – und immer wieder mal der eine oder andere vom Personal, der Pflege oder ein Arzt.

In der Regel werde ich als Seelsorgerin und ethische Beraterin zugleich angefragt. Doch Seelsorge ist nicht Ethik:

Sympathie oder Verständnis für betroffene Menschen reichen nicht aus für eine Maxime allgemeinen oder gar rechtsverbindlichen Handelns. Als Seelsorgerin bringe ich Verständnis für schwere Schicksale auf. Ich lasse mich auf die Fragen der Menschen ein. Auch dann, wenn ich die Lösung, die sie anstreben, problematisch finde. Ich habe die Gespräche ergebnisoffen zu gestalten.

Fühlten sich Angehörige vor gut 20 Jahren durch die plötzliche Anfrage nach Organentnahme – ohne weitere Begleitung – eher fremdbestimmt und genötigt, so hat man sich seither bemüht, aus dem unglückseligen Umgang mit allen Betroffenen zu lernen. Die kritischen Stimmen gegen die voreiligen offiziellen Stellungnahmen unserer christlichen Kirchen wurden zum Teil gehört. Ein kirchliches Beispiel ist die Erklärung der Deutschen Bischofskonferenz und des Rates der Evangelischen Kirche zur Organtransplantation von 1990. Sie spricht unter anderem von „Rettung" und „Akt der Nächstenliebe", ohne zu bedenken, was diese medizinische Entwicklung für unser Menschenbild, für Sterben, Tod und Auferstehung bedeutet.

Stellvertretend für die kritischen Stimmen nenne ich den emeritierten Berliner Religionssoziologen Klaus-Peter Jörns. Seine These: Die theoretische Basis der heutigen Organtransplantationspraxis stellt wissenschaftstheoretisch, anthropologisch und ethisch eine Grenzüberschreitung dar. „Niemand, auch die Kirche nicht, hat das Recht, von den eigenen Prämissen her die Prämissen anderer in Richtung auf die Organ-‚Spenden' zu majorisieren. Ich sehe es als ein unerlaubtes Verfahren an, wenn das christliche Liebesgebot, das der Gemeinde Christi gilt, dazu herhalten muss, ein ‚Lebensrecht' im Sinne eines Lebensverlängerungsrechts oder eines Rechts auf Verbesserung der Lebensqualität durch Implantation fremder Organe zu begründen. Ist ein solches Anspruchsdenken erst einmal praktisch etabliert und die Organ-‚Spende' damit zugleich zur Pflicht gemacht, so ist prinzipiell kein Sterbender mehr davor bewahrt, als

‚Spender' behandelt zu werden, wenn er in Todesnähe gerät" (Klaus-Peter Jörns, Organtransplantation – Eine Anfrage an unser Verständnis von Sterben, Tod und Auferstehung. Zugleich eine Kritik der Schrift der Kirchen „Organtransplantationen", in: Johannes Hoff / Jürgen von der Schmitten, Wann ist der Mensch tot? Reinbek 1995).

Ich habe nicht vor, eine dezidierte Stellungnahme pro oder kontra Organspende abzugeben. Ich erzähle aus meinem Praxisfeld, weil mir in der Debatte um die Organtransplantation etwas zu kurz kommt, nämlich der individuell-biografische Blick. Also das, was in letzter Zeit „narrative Medizinethik" genannt wird. Denn gerade damit, mit den verschiedensten Lebensgeschichten und mit der Beziehungsebene habe ich es in der Seelsorge zu tun.

Wie mögen Menschen den Titel der Stellungnahme des Nationalen Ethikrates zur Organspende hören „Die Zahl der Organspenden erhöhen – zu einem drängenden Problem der Transplantationsmedizin in Deutschland" (2007)? Die Stellungnahme reagiert darauf, dass in Deutschland pro Jahr dreimal mehr Menschen auf eine Organtransplantation warten als Organe zur Verfügung stehen. Der Bundestag hat 2012 einen Schlusspunkt unter die jahrelange Diskussion zur Organspende gesetzt. Die Krankenkassen, korrekter die Gesundheitskassen, werden alle zwei Jahre die Bereitschaft zur Spende abfragen. Ein Brief informiert den Versicherten darüber, dass die Entscheidung zur Organspende das Leben von schwerkranken Menschen retten kann.

Jeder kann mit Ja, Nein oder Ich weiß nicht antworten. Diese sogenannte Entscheidungslösung ist nicht nur Antwort auf den immer wieder beschriebenen Organmangel. Sie soll die Angehörigen entlasten. Aus gutem Grund: Vor ein paar Jahren habe ich miterlebt, wie es Angehörigen ergeht, wenn sie am Bett eines „hirntoten" Menschen stehen.

Meine Kollegin – ich nenne sie Regina – war an ihrem letzten Arbeitstag vor unserer Klinik tödlich verunglückt. Stammhirnblutung. Ich wusste, diese Diagnose bedeutet

Tod durch Hirntod. Regina lag in einem Wärmebett. Sie war mit zahlreichen Schlauchsystemen verbunden, die zu jeder Menge Infusions- und Perfusionspumpen führten. In gleichmäßigem, monotonem Rhythmus arbeitete das Beatmungsgerät. Die Apparate waren der einzige Hinweis auf die Schwere des Befundes. Sie sah so gut wie unverletzt aus. Ich setzte meinen Verstand gegen mein Gefühl: Es sind die Geräte, die Reginas Körperfunktionen in Gang halten.

Im Gespräch mit Reginas Schwester wurde deutlich, dass es sie trösten würde, wenn Regina durch ihre Organe in einem anderen Menschen weiterleben könnte. Als ich entgegnete: „Regina ist tot", beunruhigte sie das. Plötzlich wehrte sie sich gegen eine Organspende und flüchtete aus der Klinik. Ich versprach ihr, beim Abschalten der Beatmung bei Regina zu bleiben.

Als Regina dann, drei Tage später, beim Abschalten der Beatmung eine für sie sehr typische Geste zeigte – sie hob ihre linke Hand und legte sie aufs Herz, mit dieser Geste hatte sie mich immer angesprochen, wenn sie tief bewegt war und nach Worten suchte –, habe ich mir wie ein Mantra immer wieder gesagt: Es sind Spinalreflexe. Das Gehirn ist so kaputt, dass sie gar nicht mehr leben kann. Mich tröstete, dass Regina für sich rigoros sowohl die Apparatemedizin als auch die Organspende abgelehnt hatte. Sie hatte nie etwas schriftlich niedergelegt, doch immer unmissverständlich ihren Willen kundgetan.

Es war für mich so etwas, wie ihr den letzten Wunsch zu erfüllen: „Nicht diese Maschinerie!"

Den Hirntod als sicheres Todeszeichen zu werten, ist eine weltweit gültige Übereinkunft der Intensivmedizin. Zwei voneinander unabhängige Ärzte stellen in einem gesetzlich vorgeschriebenen mehrstufigen Diagnoseschema den Hirntod fest. Damit man ein oder mehrere Organe transplantieren kann, muss das Herz noch schlagen. Doch damit man überhaupt transplantieren kann, muss der Mensch schon tot sein.

Wie redet man nun von einem Hirntoten? Ist er tot oder nicht ganz tot? Nach unserer Gesetzgebung muss der Mensch hirntot sein. Das Zentralnervensystem ist komplett ausgefallen. Es zerfällt schnell in seiner Substanz. Von außen ist das nicht erkennbar. Nur das Herz-Kreislauf-System kann maschinell aufrechterhalten werden. Durch die Maschinen bleiben die Organe funktionsfähig. Denn Transplantation braucht Lebendorgane.

Am Bett, im Zimmer spielt sich Merkwürdiges ab. Wir erleben und behandeln den hirntoten Menschen wie einen lebenden Patienten. Unseren Sinneseindrücken zum Trotz sagen wir uns mit dem Verstand: Der, der da im Bett liegt und behandelt wird, ist tot. Doch der Verstand sagt: Tote behandelt man nicht. Der Verstand erwidert: Er wird behandelt um eines anderen Menschen willen. Welch eine Variante: Ein Teil meines Leibes – für Dich?! Der hirntote Mensch sieht nicht tot aus. Er fühlt sich auch nicht so an. So entsteht der irrige Eindruck: Der Tod wird erst durch die Explantation verursacht. Nein, sagt der Verstand: Organentnahme tötet nicht. Das Tötungsverbot wird nicht berührt. Auch wenn davon berichtet wird, dass vor und während der Explantation Menschen Schweißausbrüche, Verkrampfungen, Verzerrungen, Aufbäumen zeigen: Es sind Spinalreflexe, wie beim Huhn, das auch ohne Kopf über den Zaun fliegt, oder dem getöteten Aal, der beim Auswickeln in die Hand beißt. Darum brauchen sie auch keine Narkose, keine muskelentspannenden Mittel.

Der Verstand sagt: Bleib nüchtern, bedenke sachlich. Doch ich bin nicht nur Verstand. Ich erfahre mich auch im Gefühl, und ich stehe in Beziehung, erfahre mich in Nähe, in liebender Beziehung und Verantwortung. Du brauchst Zeit, um zu begreifen: Der, der da im Bett liegt, ist tot, unwiderruflich tot. Du brauchst mehr Zeit zum Begreifen, doch so lange kann nicht gewartet werden. Eine behutsame Stimme sagt, bemüht, nicht bedrängend zu klingen: „Es wäre gut, wenn möglichst bald …“ Die Vernunft sagt: Einen

Teil seines Leibes für wenigstens einen Menschen geben – denn irgendwo, in der Ferne, wartet wenigstens einer, hofft und leidet schwer.

Wie zum Beispiel Herr Lehmann. Er ist vierundvierzig Jahre alt. Mit kurzen Unterbrechungen wartete er gut elf Monate in unserer Klinik auf ein Spenderherz. Wir sprachen viel miteinander. In elendigstem Zustand hat er seinen Antrag für die Warteliste unterschrieben. Ob er wirklich wollte, wusste er nicht zu sagen. Er war einfach nur noch am Ende, und seine Familie drängte schon lange. Herr Lehmann wollte nur noch seine Ruhe haben.

Lange beschäftigte ihn der Gedanke, dass da einer für ihn stirbt. Es dauerte, bis er begriff: „Nein, da stirbt keiner extra für mich, sondern da ist einer gestorben und hat in seinem Ausweis dokumentiert, dass er bereit ist, ein Organ herzugeben." Einmal ertappten wir uns beide bei der Hoffnung: vielleicht heute? Weil der Wetterbericht mal wieder von Nebel und Nässe kündete. Dann keimte das schlechte Gewissen auf. Besser, es klappt nicht, dann brauche er sich nicht solche Gedanken zu machen.

Jederzeit musste er in Erwartung eines Organs erreichbar sein. Monatelang kreisten die Gedanken um den zu erwartenden Telefonanruf, Rettungshubschrauber und Funkgerät und versetzten ihn in Anspannung und Aufregung. Die Familie erzählte, wie sie nach und nach die Wohnung veränderte – für seine Rückkehr, für „danach": Teppiche raus, Böden neu, Zimmerpflanzen verschenkt.

Es dauerte gut neun Monate, bis Herr Lehmann hundertprozentig bereit war, ein Organ zu empfangen. „Wenn ich zeitig genug ein Organ bekomme, wenn tatsächlich alles gut ausgeht, will ich es als gnädiges Geschenk annehmen und das niemals vergessen. Wenn ich vorher sterbe, dann hat es nicht sollen sein." Seit sieben Jahren feiert er nun einen anderen Geburtstag, den, „an dem mir noch einmal das Leben geschenkt wurde". Er besucht und begleitet jetzt – ehrenamtlich – die Menschen, die auf Organe warten.

Eines Tages besuchte er uns in der Klinik-Seelsorge: „Ich habe einfach mein Leben aufs Spiel gesetzt. Ich raste mit dem Motorrad bei feuchtem Nebel und überhöhter Geschwindigkeit auf Brandenburgs Alleen entlang. Und dann habe ich auch noch einem Auto ganz bewusst die Vorfahrt genommen. Es ist noch mal gut gegangen. Was ist denn los mit mir?“ Da war so eine Frage in ihm, womit er es eigentlich verdient hätte, leben zu dürfen – mit dem Herzen eines anderen in seiner Brust. Der andere wollte doch auch leben. Er weiß, in seinem Brustkorb schlägt das Herz eines jungen Burschen, wie er es nennt.

Das fremde Organ im Körper lässt Menschen nicht unberührt. Ein Mensch braucht Zeit, um das Fremde in sich zu integrieren, es sozusagen zu adoptieren, denn es berührt die eigene Identität. Auf Seiten aller Betroffenen, Empfänger wie Angehörige des Spenders, wird der Körper nie als Material gesehen, sondern er stiftet Identität und damit auch das Menschenbild.

Die Geschichte des Abendlandes mit ihrer Trennung von Geist und Materie, von Seele und Körper hat einen Dualismus hervorgebracht, der die Dinge in sehr eigener Weise vereinfacht. Der Leib wurde zunehmend entwertet; wurde zum Objekt der Beobachtung. Sein Materialwert – nur ein paar Euro: 72 Prozent Wasser, ein paar Salze, bis zu drei Pfund Kalk aus dem Skelett. Der Körper wird nur gesehen als die Hülle für das Eigentliche, den Geist, die Vernunft: „Ich denke, also bin ich.“

Mittlerweile wissen wir viel darüber, wie was am und im Menschen funktioniert. Der Körper bekam und bekommt die Aufmerksamkeit einer Maschine. Jahrhundertelang suchte man die Seele als Organ im Körper. Ohne Ergebnis. Nun sind wir weiter: Die menschlichen Gefühle – die Psyche, der menschliche Geist – das Bewusstsein, und auch der menschliche Körper scheinen ganz und gar an das Gehirn gebunden, stofflich, materiell. Unmerklich wurde das Material zum Besitz und der Mensch sein Eigentümer.

Das biblische Menschenbild ist weit davon entfernt, den Körper wie einen Gegenstand zu betrachten oder Körper, Psyche, Geist und Seele zu trennen. Biblisch ist das Menschenbild ein anderes, unter anderem: „Der Leib des Menschen ist ein Tempel des Heiligen Geistes“ (2. Korinther 6). Der Tempel, der Leib, ist ein Ort, in dem in ganz eigener Weise Gottes Geist präsent ist. Aus der Geistesgegenwart in der Leiblichkeit resultiert das, was in unserer Verfassung die Unantastbarkeit der Würde des Menschen heißt. Heilig, unantastbar, nicht zu verzwecken.

Wenn ich diesen Gedanken auf das Menschenbild beziehe, dann heißt das: Ich, Mensch, bin Körper, bin Psyche, bin Geist, bin Seele. Und in alledem bin ich ganz. Ich bin ganz, nicht voneinander zu trennen. Ich, Mensch, bin sakraler Raum, unantastbar, „Gotteshaus“, Tempel.

Das entscheidende Kriterium für das, was zu tun oder zu lassen ist, heißt: in liebender Beziehung leben. Und Gott sprach: Es werde. Das Wort schuf, ging ein in seine Schöpfung und ward Fleisch. Dann gilt also: Was ich meinem Körper tue, das tue ich dem Körper des menschgewordenen Gottes? Was ich mit meinem Körper mache, das mache ich in Beziehung zu ihm, ja, mit ihm?

Doch ich höre auch: Was ich dem Geringsten seiner Brüder tue, das tue ich ihm. Denn der Mensch ist ein bedürftiges Wesen. In der hebräischen Bibel bezeichnet „näfäsch“ die Kehle, den Rachen, den Schlund des Menschen. Dieses Organ symbolisiert in besonderer Weise die Bedürftigkeit, das Angewiesensein des Menschen, seine Kreatürlichkeit und beschreibt zugleich den Sitz der elementaren Lebensbedürfnisse.

„Näfäsch“ hat zugleich die Bedeutung von Verlangen, Begehren, Sehnen. Der Mensch ist auf etwas aus, bedürftig, gierig, abhängig von Luft und Nahrung und im übertragenden Sinne von Ansehen und Liebe. Der Mensch ist darauf angewiesen, sie von außen zu bekommen, sie zu empfangen – als Geschenk. „Näfäsch“ gilt auch als Sitz und Ausdruck von Emotionen und Mitgefühl und meint im Grunde das Leben selbst. Undenkbar, dass der Mensch „näfäsch", Seele, Körper und Bewusstsein *hat*. Unteilbar ist der Mensch durch und durch „näfäsch". Ich *bin* durch und durch „näfäsch", *bin* Seele, *bin* Körper, *bin* Bewusstsein, *bin* Gefühl (Psyche).

Im Verhältnis zu Gott weiß ich um meine Bedürftigkeit, Abhängigkeit und Verletzlichkeit, nicht nur um meine, auch um die der anderen. Auch sie sind Mensch – „mir gleich" (Buber). Dann sind wir bei der Nächstenliebe. „Du sollst lieben deinen Nächsten wie dich selbst" (3. Mose 19,18; Matthäus 22,39). Nächsten- und Selbstliebe stehen auf einer Stufe. Es ist nicht wichtig, ob die Liebe zu sich selbst das Erste ist oder die zu dem Anderen. Es geht um liebende, sorgende Beziehung, darum, den anderen im Blick zu haben, denn er ist Mensch wie ich. Doch wer erweist sich als mein Nächster?

Frau Weiland wird auf die Intensivstation zu ihrer hirntoten Tochter (achtundzwanzig Jahre) gerufen. Sie begreift nicht, dass ihre Tochter tot ist. Psychisch befindet sie sich im Schock. Auf die Information des Arztes hin, dass die Tochter einen ausgefüllten Organspendeausweis mit sich führte, lehnt die Mutter spontan eine Organspende ab. Auch wenn die beiden anderen Töchter nichts von der Spendenbereitschaft ihrer Schwester wussten, überreden sie die Mutter. Es sei doch der Wunsch der Tochter gewesen, sagen sie: „Wenn einer deiner Enkel was bräuchte, würdest du dann nicht auch …?"

Die Mutter willigt ein. Am Bett der Tochter gestalte ich eine kleine Abschiedsfeier mit Aussegnung. Die Mutter will ihre Tochter unbedingt nach der Organentnahme sehen. Das ist in Absprache mit der Pathologie am nächsten Tag möglich. Wir nehmen uns viel Zeit. Die Mutter wirkt gefasst. Sie schaut sich den Körper ihrer Tochter genau an, streicht über die Narben, sagt kein Wort. Die Bestattung findet vier Wochen später statt. Auch hier wirkt die Mutter gefasst, fast versteinert.

Sechs Wochen danach besuche ich Frau Weiland. Auch jetzt versucht sie die Fassung zu bewahren. Sie erzählt von schrecklichen Träumen und deutet sie als Botschaften ihrer Tochter. Immer wieder die gleichen Bilder, die gleichen Bitten der Tochter, und die Mutter versagt – im Traum – jedes Mal. Ihre Familie versucht das Thema zu meiden. Eine Selbsthilfegruppe verstärkt ihre schuldbeladenen Fantasien. Sie sucht ein Medium auf, wird aber nur beschwichtigt.

Nach zwei Jahren will sie ihre eigene Bestattung mit mir besprechen. Sie will für sich regeln, was zu regeln ist. In meinem Beisein öffnet sie den braunen Umschlag, den sie als Hinterbliebene nach der Organspende zugeschickt bekommen hatte. Voller Entsetzen liest sie, wie viele Organe der Tochter entnommen wurden. „Was ist von ihr übrig geblieben? Was haben wir beerdigt?"

Frau Weiland hat bisher von keinem der Empfänger etwas gehört. Das nährt ihr Unbehagen. Über den Transplantationskoordinator ist es möglich, Briefe in anonymisierter Weise auszutauschen. „Sind die Empfänger einfach nur undankbar? Waren die Spenden etwa umsonst? Hätte ich mich als Mutter nicht doch über das Selbstbestimmungsrecht der Tochter hinwegsetzen sollen?" Im Nachhinein durchkämpft Frau Weiland schwere Konflikte. Was sie zuerst tröstete – ihre Tochter wollte es so und wenigstens ein anderer, schwer leidender Mensch kann durch die gespendeten Organe weiterleben, trägt nicht.

Organspende – Ja oder Nein, ist eine verantwortliche Entscheidung im Umgang mit meinem eigenen Leben. Doch ist es – um der Zurückbleibenden willen – wichtig, mit ihnen die Entscheidung zu besprechen.

Spende meint: Ich entscheide mich beizeiten im Falle meines Hirntodes für das Überleben mindestens eines Menschen. Ich gebe von mir einem anderen und rette damit Menschenleben. Diese Kombination wird als moralischer Druck gehört. An potenzielle Spender wird appelliert: Retten Sie Menschenleben! Da liegt die Assoziation nahe, dass das Leben der Empfänger vor allem von der Spendebereitschaft abhängt. Besonders wenn der Ethikrat schreibt: „Dem ethischen Gebot, auf der organisatorischen und der rechtlichen Ebene Möglichkeiten des Helfens und Heilens zu nutzen, entspricht auf der individuellen Ebene die Beistandspflicht, wie sie sich aus dem elementaren Gebot der Nächstenliebe oder der Mitmenschlichkeit ergibt. Die Bereitschaft zur postmortalen Spende ist in diesem Sinne als praktische Bewährung jener Solidarität anzusehen, die einem von schwerer Krankheit oder dem Tod bedrohten Mitmenschen geschuldet ist."

Organspende – Ja oder Nein, berührt im Kern unser jüdisch-christliches Menschenbild. Auch das von der Vorordnung der Menschenwürde vor der Selbstbestimmung, wie sie das Grundgesetz formuliert. Bei aller Hochachtung vor der Hochleistungsmedizin darf die Logik des Nützens nicht die Logik des Dienens übertönen. Der Mensch ist theologisch durch das Gütesiegel der Gottesebenbildlichkeit ausgezeichnet. Sie gibt ihm den Auftrag, das Schwache zu schützen und zu bewahren, ohne jeden persönlichen Nutzen. Wer jeweils das Schwache ist, darüber ist zu reden. Auch darüber, was die Definition des Hirntodes bedeutet. Wer oder was ist denn nun der hirntote Mensch? Ist er Objekt, Material, das reduziert wird auf seine messbaren Hirnaktivitäten, Gehirn und Restkörper? Oder ist er Subjekt, als das ihn sein Angehöriger sieht, der Mensch, mit dem ihn eine ganze Geschichte verbindet?

Die, die mit Hirntoten zu tun hatten, beschreiben etwas anderes als die juristische Definition des Hirntodes. Sie erleben den hirntoten Mensch als sterbend, sehen ihn als Geschöpf, als Subjekt, wollen ihn schützen, möglicherweise vor einem Übergriff. Gerade auch, weil uns die Palliativ- und Hospizbewegung endlich die Augen dafür geöffnet hat, dass Sterben ein Prozess, kein Zeitpunkt ist – auch wenn die Beatmung abgestellt wird.

Auch das ist zu bedenken. Darüber ist zu sprechen, und nicht voreilig eine Nächstenliebe zu propagieren, die einseitig einem bestimmten Bedarf zum Munde redet. Auch wenn es gut gemeint sein sollte, weil Christen sich um ihre „leibliche Auferstehung“ sorgen.

Ingrid Schröter (geb. 1958) ist Seelsorgerin im Vivantes Klinikum Berlin-Neukölln. Zuvor war sie zehn Jahre als Krankenschwester tätig. Außerdem hat sie eine Ausbildung in Logotherapie. Sie hat zwei Kinder.

Wolfram Höfling

Die Hirntodkonzeption

Eine Kritik aus grundrechtsdogmatischer Perspektive

Als Mitte der 1990er Jahre Parlament und Öffentlichkeit über die Regelung der Transplantationsmedizin in Deutschland diskutierten, stand im Mittelpunkt die Frage nach der Hirntodkonzeption. Diese war spätestens seit der Stellungnahme einer Ad-hoc-Kommission der Harvard Medical School aus dem Frühjahr 1968 zum herrschenden Todesverständnis in der westlichen Welt geworden. Auf dieser Grundlage ruht seitdem die dead-donor-rule („Tote-Spender-Regel") der Transplantationsmedizin. Die überaus heftigen Auseinandersetzungen kreisten genau um die Tragfähigkeit dieses Grundsatzes. Der Gesetzentwurf der Fraktionen von CDU/CSU, SPD und FDP vom April 1996 hatte beim Formulieren der Voraussetzung für die Entnahme von Organen die zentrale Frage noch ausgeklammert. Die Entscheidung für einen Lösungsweg sollte im weiteren Gesetzgebungsverfahren getroffen werden. Erst unmittelbar vor der Beschlussfassung im Parlament wurde ein fraktionsübergreifender Änderungsantrag formuliert, der die spätere Gesetzesfassung mit der zentralen Norm des § 3 TPG enthielt. Die Norm schreibt zunächst als Voraussetzung für die Zulassung der Organentnahme vor, dass der Tod des Spenders nach den Regeln, die dem Stand der Erkenntnisse der medizinischen Wissenschaft entsprechen, festgestellt ist (§ 3 Abs. 1, Nr. 2). Doch darüber hinaus erklärt das Transplantationsgesetz die Entnahme von Organen oder Geweben für unzulässig, wenn nicht vor der Entnahme der endgültige, nicht behebbare Ausfall der Gesamtfunktion des Großhirns, des Kleinhirns und des Hirnstamms festgestellt ist – nach den Verfahrensregeln, die dem Stand der Erkenntnisse der medizinischen Wissenschaft entsprechen (§ 3 As.2 Nr. 2). Diese komplizierte Regelungsstruktur des deutschen Transplantationsgesetzes ist beredter Ausdruck einer verbreiteten Unsicherheit und Skepsis zahlreicher Parlamentarier im damaligen Gesetzgebungsverfahren. Mit dem skizzierten „legistischen Trick" entzogen sie sich einer eindeutigen Antwort auf die Frage, wann ein Mensch tot sei, führten aber dennoch indirekt das herrschende Hirntodkonzept ein.

Seit einigen Jahren ist die Streitfrage erneut in den Mittelpunkt der medizinethischen Diskussion gerückt. Im Gefolge einer Publikation des amerikanischen Ethikrates vom Dezember 2008 (White Paper des President's Council on Bioethics) steht die Hirntodkonzeption wieder auf dem Prüfstand. Wesentliche Bedeutung kommt dem Verfassungsrecht zu, das verbindliche Vorgaben auch für die Regulierung der Biomedizin macht. Nun enthält die deutsche Rechtsordnung keine Definition des Todes. Doch das Grundgesetz enthält eine Garantie des Grundrechts auf Leben und damit eine verbindliche Vorgabe. Mit dem verfassungsrechtlich geschützten Gut „Leben" benennt die Verfassung den Komplementärbegriff zur Kategorie des Todes. „Tod" meint „Nicht-Leben", genauer: „Nicht-mehr-Leben". In diesem Sinne markiert dann der Tod die Scheidelinie, jenseits derer das Grundrecht auf Leben als Maßstabsnorm ausscheidet. Jeder Versuch einer Konkretisierung von „Leben" im Grundgesetz muss sich dabei der Ausrichtung der beiden Eingangsartikel des Grundgesetzes – der Garantie der Würde des Menschen und des Lebensgrundrechts – bewusst sein. Aus systematischen und teleologischen, zielgerichteten Auslegungskriterien ergibt sich eine Auslegungskonzeption, die „Mensch" synonym mit „menschlichem Leben" verwendet. Entstehungsgeschichtlich lässt sich nachweisen, dass die Garantien, die das Grundgesetz für den Schutz der Menschenwürde und des Menschenlebens bietet, gerade einer Unterscheidung zwischen Personen, die den Schutz ihrer Würde und Integrität beanspruchen dürfen, und defizitären Nur-Menschen, widersprechen. Der Begriff des Lebens ist dementsprechend – wie auch das Bundesverfassungsgericht mehrfach betont hat – weit auszulegen. Das Grundgesetz anerkennt jedes Mitglied der menschlichen Gattung unabhängig von seinem Entwicklungsstand, seinem Alter, seinem pathophysiologischen Zustand, seiner Todesnähe als Subjekt mit gleicher Würde und Integrität an. Leben meint insoweit lebendiges körperliches Dasein. Auf kognitive, kommunikative oder intellektuelle Fähigkeiten kommt es nicht an.

Nimmt man diesen verfassungsrechtlichen Ausgangspunkt ernst, so begegnet das herrschende Hirntodkonzept durchgreifenden verfassungsrechtlichen Bedenken.

(1) Definiert man „Tod" – in Übereinstimmung mit dem Wissenschaftlichen Beirat der Bundesärztekammer – als Ende eines Organismus in seiner funktionellen Ganzheit, so wird man feststellen können, dass die Hirntodkriterien (das heißt: der endgültige, nicht behebbare Ausfall der Gesamtfunktion des Großhirns, des Kleinhirns und des Hirnstamms) diesen Todesbegriff nicht abbilden. Seit langem ist bekannt, dass das Herz eines „Hirntoten" selbständig schlägt und dass seine Vitalfunktionen, also die klassischen Anzeichen biologischen Lebens, nämlich Blutkreislauf, im physiologischen Sinne auch die Atmung (nur das Atemholen, die Zwerchfelltätigkeit, wird maschinell unterstützt) und der Stoffwechsel erhalten sind. Entsprechendes gilt für die reproduktiven Vitalfunktionen; das Blutgerinnungs- und das Immunsystem, die wichtige Funktionen für den Gesamtorganismus wahrnehmen, sind ebenfalls intakt. Das bereits zitierte White Paper hat allein bis 1998 175 Fälle „chronischen Hirntodes" dokumentiert, in denen zwischen Hirntoddiagnose und Herzstillstand eine Woche bis 14 Jahre (!) lagen. Damit kann die biologisch-physiologische In-

tegrationsthese als Begründungsmuster für die Gleichsetzung von Hirntod und Tod des Menschen nicht (mehr) als tragfähig qualifiziert werden.

(2) Auf ganz fundamentale Einwände stößt ein anderer Begründungsversuch. Er stellt wesentlich darauf ab, dass ein Mensch im Zustand des diagnostizierten Hirntodes nichts mehr aus seinem Inneren und aus seiner Umgebung heraus empfinden, wahrnehmen, beobachten und beantworten könne, nichts mehr denken und nichts mehr entscheiden (sog. Geistigkeitstheorie). Ein solcher Todesbegriff aber kollidiert mit dem grundgesetzlichen „Menschenbild".

Folgt man dieser kritischen Perspektive, so steht die Transplantationsmedizin und ihre Regulierung zweifelsohne vor einer großen Herausforderung. Die Ablehnung der Gleichsetzung von „Hirntod" und Tod des Menschen bedeutet nämlich zugleich die Verabschiedung der dead-donor-rule jedenfalls für die Transplantation von Herzen und Lungen. In den USA wird insoweit auch vom „gerechtfertigten Töten" (justified killing) gesprochen. Ist es aber legitim, den Tod eines Menschen durch Organentnahme herbeizuführen, um einen anderen zu retten? Aus verfassungsrechtlicher Sicht scheint es jedenfalls denkbar, dass das Hirntodkriterium lediglich als Entnahmevoraussetzung dient und auf der Grundlage einer informierten Einwilligung mit der Feststellung des Hirntodes die Behandlung eingestellt oder für kurze Zeit im Interesse der Organprotektion fortgesetzt und sodann explantiert wird.

Wolfram Höfling (geb. 1954) ist Direktor des Instituts für Staatsrecht der Universität zu Köln und Leiter der Forschungsstelle für das Recht des Gesundheitswesens. Im Deutschen Ethikrat leitet er die Arbeitsgruppe zum Hirntod.

Notger Slenczka

Wem gehört mein Körper nach dem Tod?

Ein Theologieprofessor über die Organspende

Das Für und Wider der Organspende wird derzeit wieder diskutiert. Auslöser sind zunächst die jüngsten Unregelmäßigkeiten in der Vergabepraxis: Im Jahr 2012 wurde aus verschiedenen Kliniken berichtet, dass behandelnde Ärzte die Diagnosen ihrer Organempfänger gefälscht hätten mit dem Ziel, die Chancen für die Zuweisung von Spenderorganen zu verbessern. Es wurde der Verdacht geäußert, dass für diese fehlerhaften Diagnosen Geld geflossen sein könnte. Auch wenn sich dieser Verdacht vermutlich nicht erhärten wird, hatten die Berichte darüber offenbar schon jetzt verheerende Auswirkungen auf die Spendebereitschaft, die rapide zurückgegangen ist.

Bei näherem Hinsehen allerdings ist der Zusammenhang zwischen den Unregelmäßigkeiten in der Vergabepraxis und dem Schwinden der Bereitschaft, im Falle des Todes die eigenen Organe zur Verfügung zu stellen, ganz unselbstverständlich. Selbst wenn es bei der Vergabe Unregelmäßigkeiten geben sollte: Es gibt mit unschöner Regelmäßigkeit auch Berichte über Unregelmäßigkeiten in anderen Bereichen, etwa in karitativen Einrichtungen. In diesem Bereich beispielsweise spende auch ich Geld; diese Berichte beeinflussen aber meine Spendewilligkeit nicht grundsätzlich. Gewiss, ich werde darauf achten, wohin ich spende, aber ich werde das Spenden nicht einstellen.

Offensichtlich ist die Einwilligung in die Weitergabe eigener Organe etwas ganz anderes als das Spenden von

Geld. Und genau das ist merkwürdig: Die Organe werden mir entnommen, wenn ich selbst nach menschlichem Ermessen auf sie nicht mehr angewiesen sein werde. Strenggenommen kann es mir eigentlich egal sein, was mit meinen Nieren, meiner Leber, meinem Herz und mit meiner Netzhaut nach meinem Tod geschieht. Ist es wirklich besser, wenn meine Organe verwesen, als dass sie einem anderen Menschen das Leben retten? Denn selbst wenn es zu Unregelmäßigkeiten bei der Vergabe kommt: Letztlich rettet beispielsweise mein Herz jedenfalls ein fremdes Leben. Können mir dann die Unregelmäßigkeiten nicht egal sein?

Aber so denken wir nicht. Das Spenden von Organen ist von Unbehaglichkeiten umgeben, wir fühlen uns nicht wohl bei dem Gedanken. Wir sehen grundsätzlich ein, dass das ein schöner Gedanke ist: dass ein Mensch durch unser Zutun weiterleben darf. Und vielleicht fühlen wir uns auch in gewisser Weise geradezu gedrängt, uns als Spender auszuweisen. Aber wir greifen sofort zu, wenn unser Unbehagen – tatsächlich oder scheinbar – einen Grund bekommt: Da wird gefälscht, hören wir, und schon zerreißen wir unseren Organspendeausweis. Warum eigentlich?

Das Hirntod-Kriterium: Wirklich tot?

Ein Grund für das Unbehagen ist sicher die Frage, ob ein Mensch, der für hirntot erklärt wird, auch wirklich tot ist. Denn die Entnahme von Spenderorganen setzt voraus, dass die Herztätigkeit und der Kreislauf noch einigermaßen stabil sind und damit das Absterben aller lebenswichtigen Organe noch nicht eingesetzt hat. Im Zeitalter der Intensivmedizin erhalten Apparaturen den Körper und alle Organe über den Tod des Hirns hinaus am Leben. Es ist die zeitliche Lücke zwischen Hirntod und Herztod, durch die die Möglichkeit eröffnet wird, unbeschädigte Organe –

Herz, Nieren, Leber, Netzhaut der Augen, in neuerer Zeit sogar das Gesicht oder andere Körperteile – zu entnehmen und an geeignete Empfänger weiterzugeben.

Viele Fragen sind schon mit dieser Voraussetzung verbunden: Die Frage beispielsweise, ob der endgültige Ausfall des Hirns wirklich das zentrale Kriterium für den Tod ist – oder ob man warten muss, bis alle zentralen Lebensfunktionen, also auch der Kreislauf, an ein Ende gekommen sind. Dann sind allerdings zumeist die Organe so weit geschädigt, dass keine Entnahme und Weitergabe mehr möglich ist. Mit dieser Frage hängt die weitergehende Frage zusammen, ob die Empfindungsfähigkeit des Menschen, etwa auch die Schmerzwahrnehmung, an der Funktionsfähigkeit des Hirns hängt, oder ob es basalere (elementare) Gestalten der Selbstwahrnehmung gibt, die dazu führen, dass auch hirntote Menschen noch Schmerzen empfinden.

Kein Laie wird diese Fragen entscheiden können – gewiss ist jedoch, dass im Falle des Hirntodes nur die intensivmedizinischen Apparaturen verhindern, dass in kürzester Zeit auch der Herzstillstand und der Zusammenbruch des Kreislaufs eintreten. Zweifellos ist der Hirntod ein Schritt in einem umfassenderen Sterbeprozess – aber es ist der entscheidende Schritt, hinter den es kein Zurück mehr gibt und mit dem vor allem unser bewusstes Personleben unwiderruflich zu Ende gegangen ist. In früheren Zeiten hätte man gesagt, dass unsere Vernunftseele sich vom Körper getrennt hat, dass aber die Seelenfunktionen, die der Mensch mit bestimmten „niederen" Lebewesen, mit den Pflanzen und mit allen Gegenständen gemeinsam hat, noch fortbestehen. Der Mensch – das, was wir meinen, wenn wir „ich" sagen, und was andere meinen, wenn sie an „Notger Slenczka" denken, ist erst einmal unwiderruflich Vergangenheit.

Für einen Christen stellt sich möglicherweise die weitergehende Frage, ob er das darf: Einen Teil seiner selbst fortgeben, der dem Menschen von Gott geschenkt wurde und in dem er auferstehen wird. Diese Frage ist nicht neu. Sie plagte schon die Christen des dritten Jahrhunderts. Der Theologe Athenagoras beispielsweise setzte sich in einer langen Abhandlung mit der Frage auseinander, was denn eigentlich bei der Auferstehung mit dem Körper eines Menschen sei, der ganz oder teilweise von einem Tier oder – selbstverständlich versehentlich – von einem anderen Menschen gegessen, verdaut und in dessen Körper integriert wurde: Wem gehört, nach der Auferstehung, dieser Körper? Dem ursprünglichen Besitzer, oder demjenigen, der ihn sich durch das Essen angeeignet hat?

Im Grunde weist diese Frage nur darauf hin, dass diese Vorstellung von der Auferstehung – Wiederherstellung desselben Körpers aus denselben physischen Bestandteilen – unsinnig ist. Schon Paulus hatte vom Auferstehungsleib als dem „geisthaften Leib" gesprochen. Auferstehung bedeutet nicht, dass wir mit demselben physischen Körper nun einfach weiterleben, sondern es bedeutet, dass dieses Leben, das wir im Leib und durch den Leib, gebunden an eine bestimmte raum-zeitliche Situation, geführt haben – dass genau dieses Leben, unsere Biografie zwischen Empfängnis und Tod, aufbewahrt und aufgehoben ist bei Gott. Mit der Wiederherstellung eines physischen Körper hat das nichts zu tun. Das Unbehagen, das sich mit der Frage, ob wir bereit sind, unsere Organe zu spenden, einstellt, hat weitere, andersartige Gründe, die sich anhand der geltenden Rechtspraxis erläutern lassen.

Die rechtliche Zustimmungsregelung

Geltendes Recht in Deutschland ist eine „Zustimmungsregelung“. Eine Organentnahme ist nur möglich, wenn der Spender dies zu Lebzeiten ausdrücklich verfügt hat – etwa durch eine schriftliche Verfügung oder einen Spenderausweis. Diese Zustimmung muss aber nicht schriftlich vorliegen, sondern kann auch von den nächsten Angehörigen bezeugt werden, daher heißt die Regelung „erweiterte Zustimmungsregelung“. 2012 wurde diese Regelung verändert: Wir werden in Zukunft aufgefordert, uns zu entscheiden, ob wir als Spender zur Verfügung stehen. Beginnend mit dem 16. Lebensjahr wird jedem Krankenversicherten immer wieder einmal eine entsprechende Aufforderung zugeschickt – aber es bleibt dabei: Nur derjenige, der sich dafür entscheidet und diese Entscheidung dokumentiert oder seinen Angehörigen mitteilt, wird im Fall eines Falles als Organspender herangezogen. Damit rückt die äußerste Möglichkeit des menschlichen Lebens, sein Tod, ganz in die Nähe. Wir werden regelmäßig mit ihm konfrontiert werden und gezwungen, über ihn hinauszudenken.

Was genau ist der Schrecken des Todes?

Gewöhnlich tun wir das nicht. Wir verdrängen den Tod – oder wir lassen ihn mit gutem Gewissen und angeleitet durch den spätantiken Philosophen Epikur auf sich beruhen: „Warum fürchten wir uns eigentlich vor dem Tod?“, fragt er und gibt zu bedenken: „Das schrecklichste Übel, der Tod, geht uns eigentlich nichts an. Denn solange wir sind, ist der Tod nicht da, und wenn der Tod da ist, sind wir nicht mehr.“ Nicht erst die Diskussion um das Transplantationsgesetz zeigt: Es mag zwar richtig sein, dass wir nicht mehr sein werden, wenn der Tod eingetreten ist. Aber dennoch geht uns der Tod an, denn jetzt, da wir noch leben, sollen wir uns Gedanken darüber machen, was dann, nach dem Tod, mit uns sein wird. Es ist eben nicht wahr, dass der Tod nicht da ist, solange wir sind. Vielmehr ist uns der Tod und das, was sein wird, wenn wir nicht mehr sind, gegenwärtig, übrigens auch ohne die regelmäßige Erinnerung an die Möglichkeit einer Organentnahme. Fast könnte man sagen: Solange wir sind, ist der Tod da als Gegenstand unserer Sorge. Das wusste auch Epikur. Auch für ihn ist es nicht selbstverständlich, dass der Mensch sich vor dem Tod nicht fürchtet. Merkwürdigerweise fürchtet er sich, der Mensch, und sorgt sich. Mit seinem Satz versucht Epikur, den Menschen im Angesicht des Todes zur Ruhe des Philosophen zu bringen.

Die Macht des Todes: Das Ich wird zum Es

Der Tod hat in der Tat eine schreckliche Macht. Aus fühlenden, denkenden, handelnden, planenden, sich bewegenden und behauptenden Wesen macht er uns zu Dingen. Steif und kalt liegt ein Leichnam da, nicht zu unterscheiden vom Kadaver von Tieren, kalt wie ein Stein im Unterschied zur Wärme eines lebenden Körpers, starr wie ein Stück Holz im Unterschied zur Beweglichkeit eines ausdrucksvollen Gesichts. Der Tod macht uns verfügbar. Wir sind ausgeliefert – nicht nur dem Verwesungsprozess, sondern dem Gutdünken der Menschen, die uns überleben. Bislang haben sie mit uns gerechnet, haben unsere Eigenständigkeit respektiert, auch dann, wenn sie uns für ihre Zwecke eingesetzt haben. Und bislang konnten wir uns notfalls wehren, aktiven oder passiven Widerstand leisten. Pure Werkzeuge in der Verfügungsgewalt von anderen sind wir bis zum Tod nie. Dazu macht uns erst der Tod.

Der Tod ist genau darum schrecklich, weil es gar nicht wahr ist, dass wir nicht mehr sind, wenn er da ist. Es bleibt etwas von uns – unser Leib. Und es bleibt die Erinnerung an unser Leben. Es bleibt etwas – aber wir können nicht mehr darüber verfügen. Auch vor jeder Frage nach einem Weiterleben der Seele, vor der Behauptung einer Auferstehung des Leibes, vor dem Gedanken eines wie immer gearteten Lebens nach dem Tod, vor alledem gilt: Der Tod ist nicht einfach das Nichtsein. Es bleibt der Leib. Ein Rest von uns. Wir – als ein Ding, über das nun andere verfügen. Der Tod ist der Verlust der Selbstbestimmung. Ein Teil des Schreckens des Todes ist dieses Übergehen in die Verfügung von anderen. Andere erinnern sich meiner und verfügen damit über meine Lebensgeschichte. Und: Andere verfügen über meinen Körper.

Wie ein Stein, wie ein Stück Holz, wie ein Tierkadaver ist der Tote. Dennoch würden wir einen toten Menschen nie als Kadaver bezeichnen. Wir reden vom Leichnam. Wir sind schockiert, wenn wir Tote sehen, die nach dem Ableben obduziert oder gar misshandelt wurden. Wir umgeben die Toten mit Ehrfurcht und „bringen sie zur Ruhe". Die Störung der Totenruhe ist ein Straftatbestand. Das zeigt: Der Umgang mit Verstorbenen ist ein uralter, ein urtümlicher Generationenvertrag. Der Umgang mit den Toten ist – in allen Kulturen – mit Riten und Tabus umgeben, die uns nicht nur, aber auch nicht zuletzt dessen vergewissern, dass wir nach unserem Tod würdevoll behandelt werden, unser Leichnam also nicht einfach achtlos weggeworfen wird wie ein Kadaver oder verwendet wird wie ein Gegenstand.

Organentnahme: Zulassen des fremden Verfügens über den Leib

Mit der Neufassung des Transplantationsgesetzes ändert sich daran nichts. Niemand verfügt gegen unseren Willen über uns. Aber es tritt die Frage mit neuer Dringlichkeit an uns heran, ob wir selbst es zulassen – verfügen, wollen, bestimmen –, dass unsere Organe für Menschen eingesetzt werden, die auf Spenderorgane warten, für den Fall, dass wir bei stabilem Kreislauf hirntot sind.

Und hier bricht unser Unbehagen auf: Wir sollen einwilligen, dass über uns, über unseren Körper verfügt wird. Dass andere ihn sich aneignen. Wir werden jetzt, mit dieser Frage, dazu genötigt, unseren Körper, in dem und durch den hindurch wir jetzt leben, der hier, auf unserer Seite und nicht etwa in der Welt der Gegenstände ist, als Gegenstand zu betrachten, als Leichnam, als toten Gegenstand, den wir einem anderen Menschen schenken. Wenn wir Geld spenden, geben wir etwas, was ohnehin zur Welt der Gegenstände gehört. Wenn wir Organe spenden, geben wir etwas, was wir jetzt, als Lebende, nicht von uns selbst unterscheiden können. Wir geben uns selbst. Wir machen uns, uns selbst verfügbar.

Ein Teil des Schreckens des Todes, sagte ich, ist der Verlust der Selbstbestimmung: Wir werden zum Gegenstand und damit grundsätzlich für andere verfügbar. Allerdings ist das nicht erst mit dem Tod so. Unser Leben besteht darin, dass über uns verfügt wird. Das ist nicht nur etwas Negatives. Gewiss: Jedes Zusammenleben von Menschen hat sicher auch die Momente, in denen über uns ohne unseren Willen oder gegen unseren Willen verfügt wird. Aber in vielen weiteren Situationen – meistens sogar – ordnen wir uns selbst einem gemeinsamen Zweck oder dem Leben anderer Menschen unter. Beim Fußballspielen sowieso. In unseren beruflichen Zusammenhängen. Aber natürlich auch in Familien, Freundschaften, unter Liebenden. Dann wird nicht über uns verfügt, sondern wir machen uns verfügbar. Wir stellen uns zur Verfügung. Immer dann, wenn wir das gefunden haben, was unserem Leben eine Richtung gibt und es orientiert: ein Lebensziel. Ein Projekt. Einen anderen Menschen. Dann werden wir selbstlos – nicht so, dass wir uns selbst aufgeben, sondern so, dass wir gerade in diesem anderen zu uns selbst kommen.

Nie gehören wir ganz uns selbst, und nie verfügen nur wir selbst über uns selbst. Im Tod vertrauen wir uns – nächst Gott – der Nachwelt an in der Hoffnung, dass sie mit unserem Leib und mit der Erinnerung an uns würdevoll und im Respekt vor dem, wer und was wir jetzt sind, umgeht.

Und das ist die eigentliche Frage, die uns gestellt wird, wenn wir in Zukunft regelmäßig aufgefordert werden, über die Möglichkeit einer Organspende nachzudenken: Wer sind wir? Und wie wollen wir nach unserem Tod behandelt werden? Jeder kann das nur für sich beantworten.

Ich tue das so: Ich bin Christ. Als Christ gehöre ich zu Jesus Christus, zu dem Herrn aller Wirklichkeit. Mein Geschick nach dem Sterben – mein Leib und die Erinnerung an mich – liegt nur vordergründig in der Verfügung anderer Menschen. „Ich befehle mich, meinen Leib und meine Seele und alles in deine Hände“, spricht Luther im Morgensegen vor. Und das nicht nur dann, hoffentlich, in der Stunde des Todes, sondern jetzt. Und das heißt: Jetzt schon ist mein Leben getragen von dem Lebensvollzug Christi, der ein dienstbarer Knecht aller wurde und allen zur Verfügung stand. Wie er bin ich und ist jeder Christ „ein freier Herr über alle Dinge und niemandem untertan“. Kein Christ sollte sich gegen Gefühl und Gewissen selbst nötigen, als Spender zur Verfügung zu stehen.

Es gibt auch hier keinen (un)heiligen Zwang. Ich selbst aber sage mir in aller Freiheit, dass ich gerade als Herr „ein dienstbarer Knecht aller Dinge und jedermann untertan“ bin (so Luther in seiner Schrift „Von der Freiheit eines Christenmenschen“ 1520). Daher stelle ich mich zur Verfügung und habe schon seit langem einen Organspendeausweis.

Aber: Wir gehören auch im Verfügen über den Umgang mit unserem sterblichen Leib nicht uns selbst

Freilich: Die Einsicht, dass ich auch jetzt, zu Lebzeiten, nicht einfach mir selbst gehöre, sondern dass ich mich immer schon und vielfältig zur Verfügung gestellt habe und im Leben und im Sterben nicht nur mir selbst, auch nicht nur Jesus Christus, sondern nach seinem Willen eben auch meinen Mitmenschen und Angehörigen gehöre, will beachtet werden. Ich werde diese Entscheidung, meine Organe zur Verfügung zu stellen, nicht einsam treffen. Ich werde die Menschen, denen ich gehöre, einbeziehen in meinen Entschluss. Ich habe einem von diesen Menschen die Möglichkeit gegeben, ein Veto einzulegen, wenn es sich zeigen sollte, dass die Entscheidung nicht zumutbar ist – wenn etwa die Organentnahme die zeitnahe Durchführung der Beerdigung in unzumutbarer Weise verschiebt.

Wir gehören nicht uns selbst. Wo wir unser Leben gestalten, tragen wir dem in aller Selbstverständlichkeit Rechnung. Wo wir auf den Tod zugehen, sollen wir das in aller Selbstverständlichkeit auch tun – angefangen vom Testament bis hin zur Verfügung über den Umgang mit unserem sterblichen Leib. Dass wir im Leben und im Sterben dem Herrn gehören, der sein Leben ganz in den Dienst am Nächsten gestellt hat, gibt, so denke ich, meinem Umgang mit mir selbst ganz selbstverständlich, aber auch ganz ohne jeden Zwang, vor allem aber auch ohne jede Nötigung anderer, eine Richtung.

Notger Slenczka (geb. 1960) ist seit 2006 Professor für Systematische Theologie an der Humboldt-Universität zu Berlin. Er ist verheiratet und hat vier Kinder.

Thomas Mehlitz

Wie ist die Organspende in Deutschland organisiert?

Der Transplantationskoordinator der Charité beschreibt das Netzwerk aller Beteiligten

Jährlich warten mehr als 12 000 Patienten in Deutschland auf eine Transplantation. Dadurch erhoffen sie sich eine Verbesserung ihrer Lebensqualität oder hoffen gar darauf, überhaupt weiterleben zu können. Das Leid und die Qual, die diese Menschen oftmals erfahren und aushalten müssen, haben unterschiedliche Qualitäten. Diese sind abhängig von ihrer Erkrankung, die zum Organversagen führt. Oft ist neben der körperlichen Anstrengung die Angst, es nicht rechtzeitig zu schaffen, ein ständiger Begleiter. Die Lebenspartner, Familien und nächsten Angehörigen leiden unter der Krankheit und der dadurch entstehenden Lebenssituation. Nicht selten verursacht auch der Wegfall von Arbeit und Verdienst zusätzliches Leid.

Für die Medizin und die Wissenschaft sind diese Gründe Antrieb genug, weiter auf dem Gebiet der Transplantationsmedizin zu forschen und zu Erkenntnissen zu gelangen, die den Menschen zugutekommen. Vor allem aber ist jeder Einzelne überlebenswichtig, der sich zu Lebzeiten Gedanken macht und eine Entscheidung zur Organspende trifft. Wichtig sind auch die Angehörigen der Verstorbenen, die stellvertretend zu einem Ja zur Spende finden. Ihnen allen gebührt Dank, Respekt und hohe Anerkennung, denn ohne verantwortungsvolles Handeln und die Bereitschaft zu gemeinschaftlichem sozialen Engagement oder zu praktizierter Nächstenliebe wäre die Versorgung der wartenden Patienten undenkbar.

Leider haben negative Berichte aus verschiedenen Transplantationszentren das Vertrauen der Bevölkerung massiv beschädigt. Aus diesem Grund hat der Gesetzgeber ein verschärftes Regelwerk im Umgang mit den Wartelisten für die Zentren verabschiedet. Ziel ist es, Betrugsmöglichkeiten durch ein Mehraugenprinzip zu minimieren. Seit Dezember 2012 sind alle Transplantationszentren verpflichtet, interdisziplinäre organspezifische Transplantationskonferenzen durchzuführen. Jede Veränderung auf der Warteliste, die Auswirkung auf die Organvermittlung haben kann, zum Beispiel die An- und Abmeldungen der Empfänger, Veränderungen des Dringlichkeitsstatus, Status der Dialysepflichtigkeit, muss durch die Konferenz auf Vollständigkeit und Richtigkeit der Befunde überprüft und freigegeben werden. Über jeden einzelnen Vorgang muss ein gesondertes Protokoll gefertigt werden, in dem alle Entscheidungen der Konferenz nachvollziehbar schriftlich dokumentiert werden.

In der interdisziplinären Transplantationskonferenz muss neben den direkt beteiligten operativen und konservativen Disziplinen mindestens eine weitere von der ärztlichen Leitung des Klinikums benannte medizinische Disziplin vertreten sein, die nicht unmittelbar in das Transplantationsgeschehen eingebunden ist. Nur durch Aufklärung, Transparenz, ehrlichen Umgang in der Sache, praktizierte Kontrolle der Kliniken und ein Ernstnehmen der Sorgen und der Bedenken der Bevölkerung kann das verloren gegangene Vertrauen stückweise wiedererlangt werden. Eine positive Berichterstattung über die Erfolge der Transplantationen und die wiedergewonnene Lebensqualität der Patienten können dies unterstützen.

Im Transplantationsgesetz von 1997 und in der Neufassung von 2012 sind die Aufgaben und Verantwortlichkeiten in drei eigenständige, nicht staatliche Bereiche aufgeteilt und klar geregelt: Organspende, Vermittlung der Organe und Organübertragung auf die Empfänger. Für die Organspende ist eine Koordinierungsstelle eingerichtet worden, die Deutsche Stiftung Organtransplantation. Die Vermittlungsstelle der Organe für Deutschland ist Eurotransplant und für die Organübertragung sind die Transplantationszentren an deutschen Universitätskliniken verantwortlich. Nur eine enge und umsichtige Zusammenarbeit dieser Bereiche kann den notwendigen Erfolg in der Transplantationsmedizin erzielen. Rechtliche Sicherheit und Transparenz sind die Hauptanliegen des Gesetzgebers. Aus diesem Grund muss jeder Organspender zum Zweck der Organentnahme und jeder Empfänger bei Eurotransplant gemeldet werden.

Deutsche Stiftung Organtransplantation (DSO)

Die gemeinnützige Stiftung wurde per Vertrag ab dem Jahr 2000 als Koordinierungsstelle für Deutschland eingesetzt. Zu ihren Aufgaben zählen die Annahme aller gemeldeten potenziellen Organspender, die Koordinierung der Organspende inklusive aller dafür notwendigen medizinischen und organisatorischen Maßnahmen, um die eigentliche Organentnahme in den Krankenhäusern durchführen zu können. Hinzu kommt die Transportlogistik, damit die Organe zu den entsprechenden Transplantationszentren gelangen. Hier wird nach Verfügbarkeit, Schnelligkeit und Wirtschaftlichkeit über den Transport des Transplantates entschieden. In Frage kommen Fahrten mit Einsatzfahrzeugen der privaten Hilfsorganisationen, der Transport mittels eines Linienfluges oder bei gebotener Eile auch der Einsatz eines gecharterten Ambulanzfluges. In Einzelfällen kann auch der Transport mit der Deutschen Bahn sinnvoll sein. Um dies alles durchführen zu können, ist eine zeitnahe, verlässliche und faktenorientierte, telefonische oder computergestützte Kommunikation der medizinischen Daten des Spenders und der Organisationsschritte sowie die enge Zusammenarbeit mit allen beteiligten Einrichtungen notwendig. Darüber hinaus sind Schulungen in den Abteilungen und Stationen der Kliniken über den Prozess der Organspende erforderlich. Vom Gesetzgeber werden regelmäßige statistische Auswertungen in Form von Jahresberichten gefordert, die von der Öffentlichkeit eingesehen werden können.

Eurotransplant (ET)

Die Vermittlungsstelle Eurotransplant ist eine patientenorientierte Non-profit-Organisation für die Allokation (Zuteilung) von Spenderorganen. Die Stiftung hat ihren Sitz in den Niederlanden in der Universitätsstadt Leiden. Sie arbeitet derzeit im Auftrag von sieben Ländern. Dazu gehören Belgien, die Niederlande, Luxemburg, Deutschland, Österreich, Slowenien und Kroatien. Ungarn ist derzeit enger Kooperationspartner von Eurotransplant mit dem Ziel der Vollmitgliedschaft. Dieser Länderverbund zählt mit über 120 Millionen Einwohnern zu den größten dieser Art. Entscheidend dafür, dass eine Vermittlungsstelle im Ausland für Deutschland tätig werden darf, ist das Transplantationsgesetz. In § 12,1 und 2 heißt es: „Zur Vermittlung der vermittlungspflichtigen Organe errichten oder beauftragen der Spitzenverband Bund der Krankenkassen, die Bundesärztekammer und die Deutsche Krankenhausgesellschaft oder die Bundesverbände der Krankenhausträger gemeinsam eine geeignete Einrichtung (Vermittlungsstelle). (...) die Gewähr dafür bietet, dass die Organvermittlung nach den Vorschriften dieses Gesetzes erfolgt.

(2) Als Vermittlungsstelle kann auch eine geeignete Einrichtung beauftragt werden, die ihren Sitz außerhalb des Geltungsbereichs dieses Gesetzes hat und die Organe im Rahmen eines internationalen Organaustausches unter Anwendung der Vorschriften dieses Gesetzes für die Organvermittlung vermittelt (...)."

Die Vermittlung der Organe wird nach spezifischen Allokationsregeln der einzelnen Länder computergestützt umgesetzt und unterliegt einer ständigen Aufsicht und Kontrolle durch verschiedene Gremien, in Deutschland die Bundesärztekammer, bei Eurotransplant die jeweiligen organspezifischen Ausschüsse der Länder. Die Verteilung der Organe basiert ausschließlich auf medizinischen Kriterien und beinhaltet weder den Versicherungsstatus des Empfängers noch irgendwelche anderen sozialen oder finanziellen Aspekte. Jeder Patient bekommt eine eigene Registrierungsnummer zur Identifikation und Anonymisierung. Bei Eurotransplant wird die zentrale Warteliste für alle Empfänger geführt. Die für Deutschland geltenden Allokationsregeln, die organspezifisch sehr detailreich sind, können im Internet auf der Website der Bundesärztekammer nachgelesen werden (www.bundesaerztekammer.de).

Transplantationszentren

Transplantationszentren sind Kliniken, die für die Übertragung von Organen nach Kriterien einer bedarfsgerechten, leistungsfähigen und wirtschaftlichen Versorgung zugelassen sind (§ 5 Sozialgesetzbuch, § 10 Transplantationsgesetz) und die die erforderliche Qualität der Organübertragung gewährleisten. Sie sind verpflichtet, zentrumseigene Wartelisten der zur Übertragung von vermittlungspflichtigen Organen angenommenen Patienten zu führen. Sie sollen über die Aufnahme auf die Eurotransplant-Warteliste entscheiden, nach den Kriterien der Notwendigkeit und Erfolgsaussicht einer Transplantation. Ebenso ist die Entscheidung einer Ablehnung nachvollziehbar zu begründen und zu dokumentieren. Aktuell melden über 40 Zentren in Deutschland Patienten bei Eurotransplant.

Vor und nach einer Organübertragung soll eine erforderliche psychologische Betreuung der Patienten im Krankenhaus sichergestellt sein. An der Charité übernimmt im Bedarfsfall die Klinik für Psychosomatik die begleitende Therapie. Von den Patienten können auf Wunsch Krankenhausseelsorger angefordert werden. Zu der Transplantation der postmortalen Organe kommen die Lebendorganspenden hinzu. Sie erfordern eine ganz eigene Aufmerksamkeit, da es sich hier um lebende organgesunde, freiwillig spendende Angehörige handelt. Viele weitere Aufgaben muss ein Zentrum sicherstellen. Zum Beispiel die ambulante Nachsorge der Empfänger und der Nachweis über die Qualitätssicherung.

Aufgabenbereiche und Titel

Es ist schon ein wenig verwirrend, wenn man die unterschiedlichen Berufsbezeichnungen zusammenträgt. Wer hat welche Aufgaben und ist wofür verantwortlich? In Deutschland hat der Gesetzgeber aus Gründen der Transparenz und zur Verhinderung von Interessenskonflikten eine klare Trennung zwischen der Arbeit an verstorbenen Spendern und der Arbeit mit lebenden Patienten gezogen. Der Begriff des Transplantationskoordinators ist doppelt besetzt. Zum einen nennen sich so die Koordinatoren der Deutschen Stiftung Organtransplantation. Im strengen Sinn müssten sie sich als Spenderkoordinatoren bezeichnen. Ihre Aufgabe liegt im Bereich der bereits beschriebenen Betreuung der toten Organspender. Zum anderen gibt es den eigentlichen Transplantationskoordinator, der bereits dem Namen nach für die Koordinierung der Transplantation zuständig ist und in einem Transplantationszentrum arbeitet. Bleibt noch der Begriff des vom Gesetzgeber geforderten Transplantationsbeauftragten. In jedem Krankenhaus mit einer Intensivstation sollte es einen Beauftragten geben, der vor Ort bei der Identifizierung eines möglichen Spenders behilflich ist und als Ansprechpartner im eigenen Haus für alle Belange rund um die Organspende zur Verfügung steht. Er arbeitet wiederum mit den DSO-Koordinatoren zusammen, die nach abgeschlossener Hirntoddiagnostik und bei vorliegender Zustimmung zur Organspende die Betreuung des Spenders übernehmen.

Die Arbeit am Transplantationszentrum der Berliner Charité

Die organisierende Einheit des Transplantationszentrums der Charité ist das Transplantationsbüro am Campus Virchow-Klinikum. Hier laufen alle Fäden zusammen, wenn es um Fragen der Transplantation geht. An der Charité können alle Bauchorgane transplantiert werden. Vermittlungspflichtig sind Herz, Lunge, Leber, Bauchspeicheldrüse, Nieren und Dünndarm. Vermittlungspflichtig heißt, dass sie bei einer neutralen vom Gesetzgeber her bestimmten Vermittlungsstelle – für Deutschland Eurotransplant – registriert sein müssen und nur über sie vermittelt werden können. Sie dürfen nur in dafür zugelassenen Transplantationszentren entnommen und unter Beachtung bestimmter Regeln transplantiert werden. Nicht vermittlungspflichtige Organe sind Gewebe wie die Augenhornhaut, Haut, Knochen, Gelenke, Blutgefäße und Herzklappen. Sie fallen unter das Gewebespendegesetz und dürfen nur nach ausdrücklicher Zustimmung entnommen werden. Sie müssen aber nicht über die Vermittlungsstelle Eurotransplant zugeteilt werden. Für jedes Organ oder jede Organkombination gibt es eine eigene Warteliste. Damit ein Patient auf eine Warteliste gemeldet werden kann, muss eine ausführliche Diagnostik klären, ob eine Transplantation das Mittel der Wahl ist, eine notwendige und erfolgreiche Versorgung zu erreichen. Ziel ist es, dem Patienten das Weiterleben und/oder eine verbesserte Lebensqualität durch eine Transplantation zu ermöglichen. Dies setzt die

Würdigung und Diskussion aller erhobenen Befunde voraus.

Nach Abschluss der Untersuchungen und aufklärenden Gespräche durch die beteiligten Kliniken sollte der Patient die Entscheidung treffen können, ob er eine Transplantation für sich in Anspruch nehmen möchte. Ist dies der Fall, kann er bei Eurotransplant offiziell als Organempfänger angemeldet und in den aktiven Wartestatus gesetzt werden. Zuvor muss jedoch nach den aktuellen Regelungen der Bundesärztekammer eine zentrumsinterne, interdisziplinäre, organspezifische Transplantationskonferenz die Datenlage überprüfen.

Bevor der Patient aus der Klinik entlassen wird, stellt er sich im Transplantationsbüro vor. Hier werden ihm alle Informationen zur Anmeldung auf die Warteliste und die Verhaltensregeln zum Verlauf der Wartezeit gegeben. Da der Zeitpunkt der Transplantation nicht vorherbestimmt werden kann, muss der Empfänger eine 24-stündige Erreichbarkeit sicherstellen. Heutzutage ist dies durch die Nutzung von privaten Mobiltelefonen ein lösbares Problem. Weiterhin sind regelmäßige ärztliche Kontrolluntersuchungen und die Bestimmung aktueller Blutwerte notwendig, die in enger Zusammenarbeit mit den jeweiligen niedergelassenen Ärzten und den Kliniken erfolgen. Gesondert werden die Verhaltensregeln bei Verschlechterung des Gesundheitszustandes besprochen.

Wichtig für unseren Patienten ist natürlich der Tag der Transplantation. Wie kommt er schnell zur Klinik und was muss er mitbringen? Dürfen Angehörige mitkommen und wie ist der Ablauf nach Ankunft auf der Station? Oft finden die Gespräche in Gegenwart der nächsten Angehörigen statt. Wichtig bei diesen Gesprächen ist es, eine Basis des Vertrauens zu schaffen und den Betroffenen zu verdeutlichen, dass das Krankenhauspersonal für sie da ist und alles tut, damit sie erfolgreich transplantiert werden. Allerdings setzt das eine Beteiligung und aktive Mitarbeit des Patienten voraus. Er muss seinen Teil der Verantwortung mit tragen. Dazu gehören verschiedene Dinge, wie zum Beispiel die regelmäßig notwendigen ärztlichen Kontrolluntersuchungen wahrzunehmen. Größe und Umfang der Verlaufskontrollen richten sich nach den individuellen Erkrankungen des Patienten und seiner angesammelten Wartezeit. Leider kann man die genaue Wartezeit bis zur Transplantation nicht genau voraussagen. Sie ist von sehr vielen Faktoren abhängig. Die Verteilungskriterien für Leber, Niere, Bauchspeicheldrüse (Pankreas) und Darm sind sehr umfangreich und detailgenau und können an dieser Stelle nur gestreift werden.

Nierenwarteliste

So wartet derzeit ein Patient auf eine Niere im Durchschnitt sieben bis zehn Jahre. Wenige Patienten haben das Glück, dass nach kurzer Zeit bereits ein Organ zur Verfügung steht. Hier war dann die Gewebeübereinstimmung in vollem Umfang identisch. Bei so vielen Jahren Wartezeit sind Verlaufskontrollen nötig, denn das Verfahren der Dialyse (Blutwäsche) ist nicht nur kräftezehrend, sondern kann auch dazu führen, dass sich Begleiterkrankungen einstellen oder sich vorhandene Schwächen zu einer weiteren Erkrankung ausprägen. Das Wissen um den Krankheitsverlauf ermöglicht es den behandelnden Ärzten, rechtzeitig eventuelle Therapien einzuleiten oder zu erkennen, ob ein Patient aus medizinischer Sicht noch erfolgreich mit einem Transplantat versorgt werden kann. So sind zum Beispiel die Überprüfung der Herz-Kreislauf-Funktionen, der Schilddrüse und der Blutgefäße unerlässlich. Dazu kommen noch regelmäßige Bestimmungen des immunologischen Status. Hier gilt es, mögliche Antikörper nachzuweisen, die für eine spätere Abstoßung des Spenderorgans verantwortlich wären.

Die Reihung der Patienten bei der Organvermittlung ergibt sich aus verschiedenen Faktoren, die wegen ihrer Bedeutung eine unterschiedliche prozentuale Gewichtung bekommen. Dazu gehören die Übereinstimmung der Gewebemerkmale, die Wartezeit des Patienten sowie die Entfernung zwischen Spenderklinik und Empfängerzentrum und damit der Länge der Transportwege. Der kleinste prozentuale Faktor ist die Wahrscheinlichkeit, ein Organ mit einer sehr guten Gewebeübereinstimmung zu erhalten. Die Summe dieser Faktoren bestimmt neben der Blutgruppe die Reihenfolge der Empfänger, die in der Verantwortung von Eurotransplant ermittelt wird.

Leberwarteliste

Für die Patienten, die auf eine Lebertransplantation warten, sieht es entscheidend anders aus. Hier gibt es keine Ersatztherapie wie bei der Niere (Blutwäsche). Die Wartezeit wird derzeit ausschließlich über eine medizinische Dringlichkeit bestimmt, die sich aus Laborwerten zu einem MELD-Score errechnen. Der MELD-Score (Model of endstage liver disease) ist ein Punktwert, der den Grad der Lebererkrankung und damit die medizinische Dringlichkeit widerspiegelt. Er ist ein prozentualer Ausdruck der Wahrscheinlichkeit bei konstanten Laborwerten innerhalb von drei Monaten zu versterben (3-Monatsmortalität). Der niedrigste Wert des MELD-Score beträgt 6 Punkte, der höchste ist auf 40 Punkte begrenzt. Hat ein Patient 6 Punkte, liegt die Wahrscheinlichkeit bei 1 Prozent, dass er, gleichbleibende Werte vorausgesetzt, innerhalb der nächsten drei Monate stirbt. Bei 40 MELD-Punkten und konstanten Werten beträgt die Wahrscheinlichkeit 98 Prozent. Gereiht werden die Patienten bei der Vergabe (Allokation) der Spenderleber nach der errechneten Score-Punktzahl: je höher die Zahl, desto dringlicher.

Pankreas-Nieren-Warteliste

Bei der simultanen Pankreas-Nieren-Transplantation zählt hauptsächlich die angesammelte Wartezeit in Punkten pro Tag. Zur Verkürzung der Ischämiezeit (die Zeit, in der das Spenderorgan zwischen Entnahme und Einpflanzung nicht durchblutet wird) sollen die Organisationsstrukturen der örtlichen Spenderregion genutzt werden. Patienten erhalten bei der Allokation aus diesem Grund Zusatzpunkte, wenn die Organentnahme in der Region ihres Transplantationszentrums, an dem sie gemeldet sind, durchgeführt wird (geringere Wege- und Transportzeiten).

Dünndarmwarteliste

In Deutschland gibt es derzeit nur vier Zentren, an denen Patienten mit einer Dünndarmtransplantation versorgt werden können. Insgesamt ist die Zahl der wartenden Patienten sehr gering. Hier wird analog der Bauchspeicheldrüsentransplantation (Pankreas) die Reihenfolge der Empfänger ausschließlich durch ihre Wartezeit bestimmt.

Eine Alternative: Die Lebendorganspende

In der Nachrangigkeit (Subsidiarität) zur postmortalen Organspende ist die Lebendorganspende von Niere oder Leber eine vom Gesetzgeber in § 8 des Transplantationsgesetzes erlaubte Versorgungsmöglichkeit und in der Medizin ein etabliertes Verfahren. Die Kriterien, die an eine Lebendspende gestellt werden, sind genau beschrieben. Der Spender muss volljährig sein und freiwillig spenden wollen. Kommerzieller und nicht-kommerzieller Organhandel sollen ausgeschlossen sein. Aus medizinischer Sicht muss das Spenderorgan geeignet sein. Eine Versorgung mit einem

Organ eines Verstorbenen ist zum Zeitpunkt der Transplantation nicht möglich. Dies sind allgemeingültige Kriterien, die für die Nieren- und Leberlebendspende im Bereich der medizinischen Eignung individuell angepasst werden müssen. Spenden dürfen Verwandte ersten und zweiten Grades. Bei Nicht-Verwandtschaft dürfen Eheleute, Verlobte und Lebenspartner untereinander spenden. Eine Person, die in offensichtlichem Maß eng mit dem Empfänger persönlich verbunden ist, ist dem gleichgestellt – so die Formulierung aus dem Gesetz.

Nachdem durch ausführliche Gespräche im Krankenhaus die Situation mit dem Empfänger und Spender besprochen und die medizinisch notwendigen Untersuchungen abgeschlossen wurden, muss der Spender sich bei einer neutralen Lebendspende-Kommission vorstellen. Sie ist an die jeweilige Landesärztekammer angebunden. Das Gremium ist durch einen Berufsrichter, einen Allgemeinmediziner und eine in psychologischen Fragen geschulte Person besetzt. Nach einem Gespräch, in dem der Spender seine Motivation zur Spende und seine Beziehung zum Empfänger erläutern muss, gibt das Gremium eine Erklärung ab zum Verbot eines möglichen Organhandels und zu anderen Ausschlussgründen. Verboten ist jegliche Form der finanziellen Zuwendung oder Vergütung an den Lebendspender. Im Gespräch muss die enge persönliche Verbundenheit zum Empfänger erkennbar werden, dies vor allem bei nicht verwandten Spendern, zum Beispiel Freunden. Zum Verständnis der Freiwilligkeit gehört auch die Kenntnis möglicher Komplikationen durch die Operation. Dieses Votum wird dem Transplantationszentrum übermittelt und ist Grundlage weiteren Handelns.

Die psychologischen Herausforderungen, die sich in den Familien aus einer Lebendspende ergeben können, dürfen nicht unterschätzt werden. Die Freiwilligkeit der Organspende muss gewahrt bleiben, auch wenn das in einer engen persönlichen und emotionalen Verbundenheit sehr schwierig ist. Denn auch bei aller Expertise eines erfahrenen Zentrums können sich Komplikationen beim Spender einstellen. Dies muss sorgfältig bedacht und ausführlich mit allen Betroffenen besprochen werden. Ich habe die Erfahrung gemacht, dass es einem potenziellen Spender oft schwerer fällt, ein Nein zur Lebendspende zu formulieren als ein Ja. Ein Nein zur möglichen Spende bedeutet, dass der Empfänger nur auf eine Versorgung mit einem Organ eines Verstorbenen hoffen kann. Und dies mit allen Konsequenzen, die sich daraus ergeben können. Für die Beziehung zwischen Empfänger und Spender keine einfache Situation.

Doch die Vorteile der Lebendspende liegen auf der Hand. Eine verkürzte Wartezeit für den Empfänger und damit möglicherweise ein Ausbleiben von Komplikationen sind wohl das gewichtigstes Argument für die Lebendspende. Hinzu kommen die Vorteile eines organgesunden lebenden Spenders und die sehr kurze Zeit, in der das Organ zwischen Entnahme beim Spender und Einsetzen beim Empfänger nicht durchblutet ist. Bei der Nierentransplantation ist die frühzeitige, vor Dialysebeginn durchgeführte Lebendspende eine optimale Therapieform mit der Chance auf beste Ergebnisse. Bei der Leber-Lebendspende ist der richtige Zeitpunkt bei folgenden Gegebenheiten erreicht: ausgeprägter Leidensdruck des Kranken, dringender Wunsch nach einer Lebendspende, der auch vom Spender angenommen wird, mangelnde Aussicht auf eine rechtzeitige erfolgreiche Versorgung mit einem Organ eines Verstorbenen. Zu diesem Zeitpunkt ist zu vermuten, dass die medizinische Dringlichkeit sich nicht durch eine Erhöhung des MELD-Scores einstellt.

Die Geschichte der kleinen Laura

Verzweifelte Eltern sitzen bei mir zum Gespräch. Ihre Tochter Laura ist knapp fünf Monate alt und braucht dringend eine neue Leber. Wenige Tage nach der Geburt wurden erst die Augen gelb, dann langsam der ganze Körper. In der ländlichen Heimat der Familie wussten die Ärzte keinen Rat. Erst in einer größeren Klinik empfahl einer der Kinderärzte: „Fahren Sie nach Berlin, dort wird man helfen können.“ Nach kurzer Diagnostik wurde klar, dass das Fehlen des Hauptgallengangs die Ursache für das Gelbwerden war. Die Galle, die von der sonst gesunden Leber produziert wird, konnte nicht abfließen, weil es keinen Gallengang gab. Nun staute sich der Saft in der Leber und zerstörte sukzessive das gesunde Lebergewebe.

Hier konnte nur eine kurzfristige und spezielle Operation eine erste Alternative sein, ein Versuch, Zeit für Gewichtszunahme und Wachstum zu gewinnen. Es sollte eine Abflussmöglichkeit der Galle aus der Leber in den Dünndarm geschaffen werden. In einer dafür spezialisierten Klinik wurde die Operation durchgeführt. Doch leider blieb der Erfolg aus. Die einzige Möglichkeit, dem Kind zu helfen, war die Lebertransplantation.

Im Gespräch mit den Eltern erklärte ich die Situation auf der Warteliste. Es waren schwierige Umstände. Eine Versorgung ihrer Tochter mit einem Organ eines erwachsenen Spenders konnte nur gelingen, wenn in der gleichen Blutgruppe eine Leber angeboten würde, die sich gut chirurgisch teilen ließe. Den kleineren Teil des Spenderorgans würde Laura bekommen. Alternativ würde auch eine Leber eines etwa gleichaltrigen Spenders infrage kommen. Als Letztes musste die Möglichkeit einer Lebendspende besprochen werden. Die Eltern wussten, dass der Onkel von Laura sich dazu bereit erklärt hatte. Sie selbst kamen für eine Lebendspende aus medizinischen Gründen nicht in Betracht.

Es war ein Wettlauf mit der Zeit. Der Onkel kam nach Berlin. Einige Tage der ambulanten Diagnostik vergingen. Schnell wurde klar, dass er als Spender geeignet war. Alle Befunde waren in diesem Sinn positiv. Die Aufklärungsgespräche wurden geführt und der Termin für die Lebendspende-Kommission wurde kurzfristig vereinbart. Auch die Eltern waren mit der Spende einverstanden. Nun wurde mit den Chirurgen, Kinderärzten und Eltern der Zeitplan besprochen. Der Termin für die Operation wurde festgesetzt. Zwei Operationssäle wurden für diesen Tag eingeplant. Zwei komplette chirurgische Teams standen zur Verfügung. Doch es kam alles anders.

Drei Tage vor der geplanten Lebendspende bekamen wir eine Leber für Laura angeboten. Der Spender war etwa im gleichen Alter. Eine dramatische akute Situation auf der Seite der Spenderfamilie. Der noch junge Vater war offensichtlich mit den Bedürfnissen eines Säuglings überfordert und hatte sein eigenes Kind zu Tode geschüttelt. Auf dieser Seite treffen immer wieder Leid, Trauer und unsagbarer Schmerz auf Hoffnung, Bangen und den Kampf um das noch junge Leben auf der anderen Seite.

Ich hatte an diesem Tag Dienst, und so konnte ich die Eltern anrufen und ihnen mitteilen, dass wir ein Organangebot für ihre Tochter haben. Die Mutter war aufgeregt und brauchte eine Weile, bis sie sich ein wenig beruhigen konnte. Sie hatte so oft mir gegenüber ihre Ängste geäußert, dass es ein „zu spät“ für Laura geben könnte. Lange und oft haben wir darüber gesprochen. Und nun sollte es doch soweit und eine Leber für Laura verfügbar sein? Unglaublich, es war für die Eltern schwer zu begreifen.

Ich schickte einen Fahrer zu ihnen und ließ sie auf die Kinderstation bringen. Parallel dazu fuhr ich mit einem Ärzteteam in die Spenderklinik. Meine Aufgaben liegen in den kommunikativen und organisatorischen Aufgaben für unser Zentrum vor Ort. Im Operationssaal bin ich für die Spülung der Organe mit speziellen Konservierungslösungen verantwortlich. Es ist immer eine außergewöhnlich angespannte Situation, wenn Kinder als Organspender auf dem Operationstisch liegen. Für alle Beteiligten ist das emotional sehr belastend. Die meisten von uns haben selber Kinder und können sich den Schmerz und die Trauer der Eltern vorstellen, deren Kind akut stirbt. Für die meisten Eltern ist die Zustimmung zur Organspende ein Trost. Denn einem anderen schwerkranken Kind kann durch die Spende das Leben gerettet werden. Der Gedanke daran hilft den Eltern ein wenig in der Trauer.

Da der Spender auch noch sehr klein war, konnten nur die Leber und das Herz vermittelt werden. Ich gab eine telefonische Rückmeldung in unser Zentrum. Die Leber war in bestem Zustand. Nun konnten die Narkoseärzte in unserer Klinik mit der Vorbereitung beginnen. Laura würde sehr bald tief schlafen. Die Leber wurde nach der Entnahme in spezielle Tüten mit Konservierungsflüssigkeit und in einer mit Brucheis gefüllten Organbox sicher verpackt. Nun lief die Zeit. Schnell wollten wir als Entnahmeteam zurück in unser Zentrum. Wir fuhren mit dem Rettungswagen und Blaulicht zurück in unsere Klinik und übergaben das Organ dem Transplantationsteam, das schon wartete.

Laura erholte sich von der Operation sehr gut. Die Leber nahm sofort die Arbeit auf, der Körper entgiftete. Nach einigen Wochen konnte sie entlassen werden. Bis zum heutigen Tag geht es ihr gut. Aus Laura wurde ein kleiner Wirbelwind. Einmal im Jahr ist die Familie in Berlin. Dann kommen sie vorbei und wir können die Freude erleben, mit der die Eltern erzählen und berichten, welche Fortschritte ihre Tochter wieder gemacht hat.

Thomas Mehlitz (geb. 1960) hat als Fachkrankenpfleger für Anästhesie- und Intensivmedizin an verschiedenen Berliner Kliniken gearbeitet. Seit 1991 ist er als Transplantationskoordinator in der Chirurgischen Klinik am Campus Virchow-Klinikum der Charité tätig.

Günter Kirste

Vom Spender zum Empfänger

Ein Mediziner erklärt den Ablauf einer Organspende

Die Bereiche Organspende, Organvermittlung und Organtransplantation wurden im Transplantationsgesetz organisatorisch strikt voneinander getrennt, um mögliche Interessenskonflikte der beteiligten Partner zu vermeiden. Die Deutsche Stiftung Organtransplantation (DSO) ist für die Koordinierung der postmortalen Organspende, also für den Ablauf einer Organspende im Krankenhaus, zuständig. Die Stiftung Eurotransplant (ET) in den Niederlanden hat die Aufgabe der Organvermittlung übernommen. Die Transplantation selbst findet in sogenannten Transplantationszentren statt. Die Zentren sind außerdem für die Wartelistenführung und die Nachbehandlung der Organempfänger verantwortlich.

Bevor eine Organspende stattfinden kann, müssen zwei Bedingungen erfüllt sein. Das Transplantationsgesetz hat für die Entnahme von Organen festgelegt, dass der Hirntod des Menschen zweifelsfrei festgestellt sein und eine Zustimmung zur Organspende vorliegen muss. Die Diagnose Hirntod bedeutet den unumkehrbaren Ausfall der Gesamtfunktion von Großhirn, Kleinhirn und Hirnstamm und ist damit der sichere Nachweis des Todes. Die Untersuchung zur Feststellung des Hirntods erfolgt durch zwei erfahrene Ärzte unabhängig voneinander nach den Richtlinien der Bundesärztekammer. Beide Ärzte dürfen darüber hinaus weder an der Entnahme noch an der Übertragung der Organe beteiligt sein. Niemand muss die Befürchtung haben, dass die Ärzte im Vorfeld schon an eine mögliche

Organspende denken. Oberstes Ziel der Ärzte und aller medizinischen Maßnahmen ist es immer, das Leben des ihnen anvertrauten Patienten zu retten. Manchmal kommt die Hilfe zu spät. Die Krankheit oder die Unfallfolgen sind zu weit fortgeschritten und eine Rettung ist nicht mehr möglich. Erst dann stellt sich die Frage nach der Organspende. Transplantationsmediziner werden erst einbezogen, wenn die Hirntoddiagnostik abgeschlossen ist. Diese strikte Aufgabentrennung bewahrt den Arzt vor einem möglichen inneren Zwiespalt, sich für das Wohl des einen oder anderen Patienten entscheiden zu müssen.

Bei der Zustimmung zur Organspende wird geprüft, ob der Verstorbene eine schriftliche Verfügung, zum Beispiel einen Organspendeausweis, verfasst oder ob er den Angehörigen seinen Willen mündlich mitgeteilt hat. Die Bereitschaft zur Organspende wird in Deutschland nicht in einer zentralen Datenbank registriert oder gespeichert. Auch eine Patientenverfügung, in der lebensverlängernde Maßnahmen ausgeschlossen sind, muss nicht im Widerspruch zu einer Organspende stehen. Man kann diese so verfassen, dass die Möglichkeit zur Organspende erhalten bleibt. Um Unsicherheiten und Konflikte zu vermeiden, ist es wichtig, gerade zu diesen Punkten eindeutige Angaben zu machen und die Angehörigen darüber zu informieren. Vom Deutschen Ärztetag gibt es dazu einen ausformulierten Textvorschlag: „Grundsätzlich bin ich zur Spende meiner Organe und Gewebe bereit. Es ist mir bewusst, dass Organe nur nach Feststellung des Hirntods bei aufrechterhaltenem Kreislauf entnommen werden können. Deshalb gestatte ich ausnahmsweise für den Fall, dass bei mir eine Organspende medizinisch infrage kommt, die kurzfristige (Stunden bis höchstens wenige Tage umfassende) Durchführung intensivmedizinischer Maßnahmen zur Bestimmung des Hirntods nach den Richtlinien der Bundesärztekammer und zur anschließenden Entnahme der Organe."

Hat der Verstorbene keine Festlegung zu Lebzeiten getroffen, werden die Hinterbliebenen um eine Entscheidung nach dem mutmaßlichen Willen des Verstorbenen gebeten – oder entscheiden, wenn dieser nicht feststellbar ist, auf Grundlage ihrer persönlichen Wertevorstellung. Dies ist eine schwierige Frage und eine noch schwerere Entscheidung für die Angehörigen in einer emotional hochbelastenden Situation der Trauer und des Verlustes. Oft trifft sie das Unglück völlig unvorbereitet, und nicht selten sind es junge Menschen, um die eine Familie plötzlich trauert. Mit einer eigenen, selbstbestimmten Entscheidung zur Organspende kann man deshalb im Ernstfall seine Familie entlasten und sicherstellen, dass der eigene Wille umgesetzt wird.

Ist die Entscheidung jedoch nicht bekannt, ist es das Ziel eines Angehörigengesprächs, die Familie bei der Entscheidungsfindung zu begleiten und eine stabile Entscheidung im Sinne des Verstorbenen zu finden. Im Idealfall sollte das Gespräch vom behandelnden Arzt zusammen mit einem Koordinator der DSO geführt werden. Die DSO-Koordinatoren können die Familienmitglieder ausführlich und ohne Zeitdruck beraten und umfassende Informationen zu den Themen Organspende und Transplantation geben. Die Angehörigen sollten so den nötigen Raum und die nötige Zeit bekommen, um die Situation zu erfassen, zu begreifen und zu entscheiden.

Wurde der Hirntod festgestellt und liegt eine Zustimmung zur Organspende vor, veranlasst der DSO-Koordinator Untersuchungen der Organe auf mögliche Erkrankungen und Infektionen, um die Organempfänger vor übertragbaren Krankheiten zu schützen. Bei einer akuten Krebserkrankung und Infektionen wie HIV wird eine Organspende in der Regel ausgeschlossen. Es ist möglich, im Organspendeausweis bestimmte Organe oder Gewebe von einer Spende auszuschließen. Liegt kein Organspendeausweis vor, können die Angehörigen entscheiden, welche Organe gespendet werden sollen. Welche Organe transplantiert werden können, entscheiden dann aber letztlich medizinische Kriterien. Oft stellt sich erst während der Organentnahme heraus, ob das Organ für die Transplantation geeignet ist.

Die Untersuchungsergebnisse wie Blutgruppe und Gewebemerkmale leitet der Koordinator an die Organvermittlungsstelle Eurotransplant (ET) weiter. ET, mit Sitz im niederländischen Leiden, ist zuständig für die Vermittlung von Organen an Wartelistenpatienten aus Deutschland, den Beneluxländern, Österreich, Slowenien, Kroatien und Ungarn als Kooperationspartner in Vorbereitung zu einer Vollmitgliedschaft.

Aufgrund der Manipulationsvorwürfe gegenüber einzelnen Transplantationszentren wurden die Kriterien zur Aufnahme auf die Warteliste in Deutschland verschärft. Um Manipulationen künftig zu vermeiden, entscheidet in allen Transplantationszentren eine interdisziplinäre Transplantationskonferenz über die Aufnahme in die Warteliste. Dabei muss eine medizinische Fachrichtung einbezogen werden, die keine Verbindung zur Transplantationsmedizin hat und direkt dem ärztlichen Direktor der Klinik untersteht. Nach der Aufnahme eines Patienten in die Warteliste sind alle für die Organvermittlung relevanten Behandlungen, Ergebnisse und Entscheidungen, insbesondere der Zuteilung von eingeschränkt vermittelbaren Organen, von dem jeweils verantwortlichen Arzt nachvollziehbar zu dokumentieren und der interdisziplinären Transplantationskonferenz unverzüglich bekannt zu geben.

Für die Organvermittlung hat die Bundesärztekammer für Deutschland gemäß dem Transplantationsgesetz Richtlinien erlassen. Im Vordergrund stehen Erfolgsaussicht, Dringlichkeit sowie Chancengleichheit. Für jedes Organ gibt es einen bestimmten Verteilungs-Algorithmus. Der erwartete Erfolg nach der Transplantation, die Dringlichkeit, die Wartezeit und die nationale Organaustauschbilanz – der Austausch von Organen der Länder im Eurotransplant-Verbund im Verhältnis zueinander – spielen bei der Zuteilung aller Organe eine Rolle. Ausnahmebestimmungen gibt es bei der Niere für Kinder und bei alten Menschen auf der Warteliste. Kinder sollen frühzeitig transplantiert werden, um ihnen die Chance auf eine gesunde Entwicklung zu geben. Deshalb erhalten sie Bonuspunkte. Außerdem müssen bei der Vergabe auch anatomische Aspekte berücksichtigt werden. „Ausgewachsene" Organe von Erwachsenen sind für Kinder häufig zu groß. Kinder können aber zum Beispiel die Teilleber eines Erwachsenen erhalten.

Insgesamt fließen alle Kriterien in einem Punktesystem zusammen, das im Ergebnis einen Wert summiert. Der Patient mit dem höchsten Punktwert erhält als Erster über sein Transplantationszentrum das Organangebot. Wird dieses zum Beispiel aus medizinischen Gründen abgelehnt, erhält der nächste Patient auf der Liste von Eurotransplant das Angebot.

Gelingt eine Organvergabe nach dem üblichen Verfahren nicht oder droht der Verlust eines Spenderorgans, kann Eurotransplant zum sogenannten beschleunigten Vermittlungsverfahren wechseln. Um die Ischämiezeit – die Zeit, in der die Organe nicht durchblutet werden – möglichst kurz zu halten, werden Organe im beschleunigten Vermittlungsverfahren primär innerhalb einer Region angeboten. Wenn Patienten aus mehr als einem Zentrum in Betracht kommen, wird das Organ dem Patienten zugeteilt, für den die Akzeptanzerklärung des zuständigen Zentrums als erste bei der Vermittlungsstelle eingegangen ist. Die Zentren müssen die Gründe für ihre Auswahlentscheidung gegenüber der Vermittlungsstelle dokumentieren.

Der Versichertenstatus spielt bei der Organspende keine Rolle. Privatpatienten können beispielsweise nicht bevorzugt werden, da der Versichertenstatus nicht Teil der Allokation, der Zuteilung via Computer, bei Eurotransplant ist.

Wenn Eurotransplant die am besten passenden Empfänger ermittelt hat, werden die zuständigen Transplantationszentren informiert. Die Zentren verständigen den Patienten und klären mit dem DSO-Koordinator alle weiteren medizinischen und organisatorischen Fragen.

Die Organentnahme wird mit der gleichen chirurgischen Sorgfalt wie jede andere Operation vorgenommen. Dass auch nach Eintreten des Hirntods spontan oder als Reaktion auf äußere Reize noch Bewegungen der Arme oder Beine auftreten können, führt immer wieder zu Verunsicherungen. Die beobachteten Phänomene finden ihre Erklärung in dem Wegfall hemmender Einflüsse des Gehirns auf das Rückenmark im Hirntod. Dies führt zu den sogenannten spinalen Reflexen. Sie entstehen zweifelsfrei außerhalb des Gehirns und damit außerhalb jeglichen Bewusstseins.

Nach der Organentnahme wird die Schnittführung verschlossen und verbunden wie nach einem Eingriff an lebenden Patienten. Der Spender kann aufgebahrt werden, so dass die Angehörigen in Ruhe Abschied nehmen können. Eine Bestattung ist ohne zeitliche Verzögerung möglich. Der würdevolle Umgang mit dem Spender ist oberstes Gebot.

Nach der Entnahme werden die Organe auf schnellstem Weg zu den Transplantationszentren gebracht. Oberstes Ziel ist es, die Ischämiezeit so kurz wie möglich zu halten. Daraus ergeben sich Konsequenzen für die Transportplanung, da einige Organe nur für eine kurze Zeit konserviert werden können. So darf ein Herz oder eine Lunge nicht länger als vier bis sechs Stunden, eine Niere hingegen bis zu 24 Stunden nicht durchblutet werden. Aus diesem Grund müssen die einzelnen Transportschritte lückenlos ineinandergreifen. Je nach Notwendigkeit und Entfernung wird das gespendete Organ entweder mit dem Auto oder dem (Charter-)Flugzeug oder – in sehr seltenen Fällen – mit dem Hubschrauber oder der Bahn transportiert. Für den Transport bereitet das Entnahmeteam das Spenderorgan sorgfältig vor, spült es mit einer gekühlten Konservierungslösung und bewahrt es darin auf. Anschließend wird es in sterile Tütensysteme verpackt und in speziellen, mit Eis gefüllten Styroporboxen transportiert. Während des Transportes herrscht in der Box eine Temperatur von vier Grad Celsius; damit ist eine optimale Bedingung für die Konservierung des Spenderorgans geschaffen. Am Ende des Transportes wird das Organ in die Verantwortung des Transplantationszentrums übergeben und dort transplantiert.

Auch nach dem Abschluss einer Organspende steht die DSO den Hinterbliebenen für Fragen zur Verfügung und informiert auf Wunsch in einem Brief über die Transplantationsergebnisse. Der Name des Spenders wird dem Organempfänger nicht mitgeteilt, denn das ist laut Transplantationsgesetz unter Strafe gestellt. Umgekehrt erfahren auch die Angehörigen des Organspenders nicht, wer ein gespendetes Organ erhalten hat. Diese Anonymität verhindert, dass wechselseitige Abhängigkeiten entstehen können. Auf Wunsch teilt jedoch der DSO-Koordinator den Angehörigen mit, ob das Organ beziehungsweise die Organe erfolgreich transplantiert werden konnten.

In Deutschland ist nur ein anonymer Kontakt zwischen Angehörigen und Organempfängern möglich. Viele Angehörige wünschen sich ein persönliches Zeichen des Empfängers und empfinden dies als Bestätigung dafür, dass die Entscheidung zur Organspende richtig war. Empfänger, die im Gegenzug das Bedürfnis haben, „Danke" zu sagen, können mit den Spendern über die DSO oder das Transplantationszentrum in anonymisierter Form Briefe austauschen. Schon früh hat die DSO erkannt, dass sich viele Angehörige eine weitere Betreuung und den Austausch mit anderen Betroffenen wünschen. Aus diesem Grund bieten einige DSO-Regionen Angehörigentreffen an.

Die Transplantationsmedizin gehört inzwischen zum Standard der gesundheitlichen Versorgung und ist so erfolgreich, dass die gespendeten Organe sogar über Jahrzehnte hinweg funktionsfähig bleiben können. Bei Nieren sind bis zu 85 Prozent der transplantierten Organe eines toten Spenders nach einem Jahr noch funktionstüchtig. Bei der Lebendspende sind es sogar 93 Prozent. Nach fünf Jahren arbeiten noch bis zu 70 beziehungsweise 84 Prozent der Spendernieren. Bei Herz-, Leber-, Lungen- und Bauchspeicheldrüsentransplantationen liegen die Erfolgsraten etwas darunter. Zwar müssen Organempfänger auch nach der Transplantation jeden Tag Medikamente einnehmen, um eine Abstoßung des Organs zu verhindern. Aber ein gespendetes Organ ist für viele die einzige Chance, zu überleben oder ohne die Dialyse eine wesentlich bessere Lebensqualität zu genießen. 12 000 Patienten stehen auf der Warteliste für ein Organ – auch Kinder und junge Menschen. Jeder sollte sich mit dem Thema auseinandersetzen und eine Entscheidung treffen.

Finanzierung von Organspende und Transplantation

Die Kosten für die Organspende und Transplantation werden durch die Krankenkassen getragen. Dies betrifft im Wesentlichen die Bereiche der Koordinierung der Organspende, die Leistungen des Entnahmekrankenhauses, die Transplantation und die Registrierungspauschale zur Aufnahme auf die Warteliste.

Die Arbeit der DSO wird durch ein Budget finanziert, das die DSO jeweils für ein Jahr im Voraus mit ihren Auftraggebern (GKV-Spitzenverband – die zentrale Interessenvertretung der gesetzlichen Kranken- und Pflegekassen, Deutsche Krankenhausgesellschaft und Bundesärztekammer) verhandelt und das sich an der zu erwartenden Anzahl der transplantierten Organe orientiert. Die privaten Krankenkassen übernehmen regelmäßig die Verhandlungsergebnisse, so dass die Privatversicherten ebenfalls über das DSO-Budget mitfinanziert sind. Das Gesamtbudget der DSO besteht aus den Komponenten der Organisationspauschale für die Bereitstellung eines postmortal gespendeten Organs zur Transplantation, der Pauschale „Aufwandserstattung Spenderkrankenhäuser“ sowie der Flugtransportpauschale für extrarenale Organe – Herz, Leber, Lunge, Bauchspeicheldrüse und Darm, also für alle Organe außer der Niere. Mit der Organisationspauschale deckt die DSO alle ihre im Organspendeprozess entstehenden Kosten sowie die strukturellen Kosten, mit Ausnahme der Aufwandserstattung für Spenderkrankenhäuser und der Flugtransportkosten für extrarenale Organe.

Prof. Dr. med. Günter Kirste (geb. 1948) war von 2004 bis Anfang 2013 Medizinischer Vorstand der Deutschen Stiftung Organtransplantation. Er lebt in Freiburg.

Die Deutsche Stiftung Organtransplantation (DSO) wurde 1984 vom Kuratorium für Dialyse und Nierentransplantation e.V. in Neu-Isenburg gegründet. Sie ist eine gemeinnützige Stiftung des bürgerlichen Rechts, die über 1 000 Mitarbeiter, davon etwa 200 in hauptberuflicher Tätigkeit, beschäftigt. Im Juni 2000 übernahm die DSO die Aufgaben der bundesweiten Koordinierungsstelle. Ihre Aufgaben wurden in einem Vertrag mit der Bundesärztekammer, dem GKV-Spitzenverband und der Deutschen Krankenhausgesellschaft festgelegt.

Weitere Informationen zur Organspende gibt es unter www.dso.de und www.fuers-leben.de.

Eckhard Nagel, Birgitta Bayerl, Michael Lauerer

Hoffnungsträger Organtransplantation

Ein Transplantationsmediziner und sein Team über eine junge medizinische Disziplin

Die Organtransplantation ist ein moderner Bereich der Hochleistungsmedizin und gilt als „Goldstandard" bei der Therapie von nicht rückbildungsfähigem, lebensbedrohlichem Organversagen. Tausende Menschen verdanken ihr Überleben der Transplantationsmedizin. Für Schwerstkranke ist sie Hoffnung auf eine Lebensperspektive und auf eine hohe Lebensqualität. Dies gilt für Säuglinge wie auch für Betroffene in einem Alter jenseits der Siebzig. Doch seitdem die Transplantationsmedizin Teil der regulären Versorgungsaufgabe ist, steht sie vor einem für betroffene Patienten existenziell bedrohlichen Problem der Ressourcenknappheit. Diese Knappheit bezieht sich nicht auf finanzielle Mittel, sondern auf die Lücke zwischen dem Bedarf an Organen und der Anzahl gespendeter Organe.

Die Konsequenzen dieser Knappheitssituation sind drastisch. So starben im Jahr 2011 allein in Deutschland 1 000 Menschen, die auf den Eurotransplant-Wartelisten auf ein Spenderorgan hofften. Hinzu kommen Patienten, die aufgrund ihres schlechten Gesundheitszustandes von den Wartelisten genommen werden mussten oder erst gar nicht aufgenommen werden konnten. Die Stiftung Eurotransplant führt im Auftrag mehrerer europäischer Länder für die unterschiedlichen Organe jeweils eine Warteliste. Einem Bedarf von 12 000 Organen am 31. Dezember 2011 standen hierzulande nur etwa 4 700 transplantierte Organe (mit

Lebendspende) gegenüber. Im Gegensatz zu anderen medizinischen Bereichen kann die Mangelsituation nicht durch den verstärkten Einsatz finanzieller Mittel beseitigt werden: Der Mangel an Organen ist absolut. Zu einer weiteren Verschärfung der Situation – insbesondere im zweiten Halbjahr 2012 – dürften die mutmaßlichen Manipulationen an deutschen Transplantationszentren geführt haben. Die Zahl der Organspenden ist 2012 nach vorläufigen Berechnungen der Deutschen Stiftung Organtransplantation im Vergleich zum Vorjahr um knapp 13 Prozent gesunken.

Das Leid der Wartenden

Die Organtransplantation ist eine moderne und fabelhafte medizinische Errungenschaft. Erst die Fortschritte in diesem Bereich der Versorgung ermöglichten die Hoffnung auf eine Lebensperspektive bei nicht rückbildungsfähigen Organausfällen. Diese positive Einschätzung ist aber nur authentisch, wenn wir uns den Schmerz und das Leid der Wartenden bewusst machen: Unter das hoffnungsvolle und freudige Warten auf ein Spenderorgan mischt sich auch das resignierte, verzweifelte und vergebliche Warten. Der Hoffnung auf Überleben und hohe Lebensqualität nach einer Transplantation steht die Angst gegenüber, nicht rechtzeitig ein Organ zu bekommen. Selbst bei einem Nierenversagen, bei dem es mit der Dialyse im Gegensatz zum Versagen anderer Organen eine Ersatztherapie gibt, wird eine Transplantation mit steigender Wartezeit immer dringlicher. Auch mögliche Komplikationen des Eingriffs selbst und Unsicherheiten in Bezug auf die Funktion des Organs wecken Ängste.

So kann die Transplantation nichts Absolutes sein, kein Garant, sondern ist auf Höheres, in einem christlichen Verständnis auf die Hilfe Gottes, angewiesen. Die Medizin im Allgemeinen und die mit der Behandlung persönlich Betrauten möchten dem betroffenen Patienten, der auf ein neues

Organ angewiesen ist, helfen. Ihm diese Hilfe aufgrund des Mangels an Spenderorganen nicht zukommen lassen zu können, ist auch für die Behandelnden eine schwere Belastung.

Die neue Entscheidungslösung

Im Jahr 1997, und damit im internationalen Vergleich verhältnismäßig spät, wurde in Deutschland mit dem Transplantationsgesetz weitestgehend Rechtssicherheit hergestellt. Mit diesem Gesetz war auch die Hoffnung verbunden, das Spendeaufkommen anheben zu können. Diese Hoffnung erfüllte sich aber im Wesentlichen nicht. Bislang galt die sogenannte erweiterte Zustimmungslösung: Eine Organentnahme ist nur dann möglich, wenn der Verstorbene zu Lebzeiten oder dessen nächste Angehörige nach seinem Tod einer Organspende zugestimmt haben. Im November 2012 wurde die bisher geltende Regelung lediglich ergänzt. Im Zuge einer Entscheidungslösung wird nun innerhalb von zwölf Monaten jede Person ab dem vollendeten 16. Lebensjahr erstmalig von ihrer Krankenversicherung oder ihrem Versicherungsunternehmen angeschrieben, über die Organspende informiert und aufgefordert, eine Entscheidung über die Bereitschaft zur Organspende nach dem Tod zu dokumentieren. Eine Pflicht zur Äußerung gibt es aber ausdrücklich nicht.

Es liegt nahe, dass diese Regelung in Bezug auf das Organaufkommen hinter den Möglichkeiten einer echten Entscheidungspflicht zurückbleibt. Denn aus Studien wissen wir, dass der überwiegende Teil der Bevölkerung – ungefähr drei Viertel – einer Organspende zustimmt. Wir wissen aber auch, dass nur ein viel kleinerer Teil – ein Viertel – einen Organspendeausweis hat. Dies mag daran liegen, dass es unbequem ist, sich mit der Frage nach der Spendebereitschaft auch mit dem eigenen Tod zu beschäftigen. Fraglich ist demnach, ob die letzten Änderungen am Transplantationsgesetz dazu beitragen, das offensichtlich bestehende Dokumentationsproblem zu lösen, und so helfen, die Lücke zwischen verfügbaren Organen und dem Bedarf zu verkleinern.

Möglich wäre auch die Einführung der sogenannten Widerspruchslösung gewesen, wie sie zum Beispiel in unserem Nachbarland Österreich gesetzlich verankert ist. Bei der Widerspruchslösung gilt jeder als potenzieller Organspender, der sich zu Lebzeiten nicht gegen eine Organentnahme ausgesprochen hat. Auch wenn die Widerspruchslösung mit einem erhöhten Spendeaufkommen einhergehen dürfte, mag es gute Gründe gegen deren Einführung geben. Eine Pflicht zur Äußerung halten wir aber in einer solidarischen Gesellschaft, in der jeden Tag drei Menschen sterben, weil für sie kein Spenderorgan zur Verfügung steht, für vertretbar.

Warum die eigene Spendebereitschaft dokumentieren?

Informationen zum Thema Organspende halten Einrichtungen wie die Bundeszentrale für gesundheitliche Aufklärung, die Deutsche Stiftung Organtransplantation und Krankenkassen vor. Dort und in vielen Apotheken, Arztpraxen und Krankenhäusern sind zudem Organspendeausweise kostenfrei erhältlich. Werden nun im Zuge der gesetzlichen Änderungen alle Bürgerinnen und Bürger schriftlich über die Organspende informiert und aufgefordert, die eigene Einstellung zu dokumentieren, ist dies eine Chance für all diejenigen, die sich der Frage nach einer möglichen Organspende nach dem eigenen Tod noch nicht gestellt haben. Es ist eine Chance, sich mit diesem Thema zu beschäftigen und so dem Leid derer Rechnung zu tragen, die auf ein Spenderorgan hoffen müssen.

Wichtig hierbei ist, dass eine Entscheidung für eine Organspende unabhängig von medizinischen Überlegungen zum Beispiel in Bezug auf das eigene Alter und den Gesundheitszustand getroffen werden kann und sollte. Wenn ich spendebereit bin, sollte ich dies in jedem Fall auf einem Organspendeausweis dokumentieren. Das gilt ausdrücklich auch für ältere Menschen und chronisch Kranke. Eine medizinische Prüfung, ob die Organe transplantabel sind, erfolgt obligatorisch vor einer potenziellen Organentnahme. Für die persönliche Entscheidung für oder gegen eine mögliche Organspende nach dem eigenen Tod brauchen demnach Erwägungen zur Eignung der eigenen Organe für eine Transplantation keine Rolle zu spielen.

Unabhängig davon, ob man sich für oder gegen eine mögliche Organspende nach dem Tod entscheidet, gibt es sehr gute Gründe dafür, diese Entscheidung zu dokumentieren. Es ist unzumutbar, die Entscheidung über eine Organspende den nächsten Angehörigen zu überlassen. Hat ein Verstorbener, der für eine Organspende infrage kommt, seine Zustimmung oder Ablehnung zu Lebzeiten nicht dokumentiert, werden die Angehörigen gefragt. Dabei dürfen sie aber nicht gemäß ihrer eigenen Präferenzen entscheiden, sondern haben den Willen des Verstorbenen als Grundlage für die Entscheidung heranzuziehen. Hat sich der Verstorbene zu Lebzeiten nicht konkret zur Spendebereitschaft geäußert – dies ist in den meisten Fällen so – müssen die Angehörigen dann unter Unsicherheit über dessen Wünsche entscheiden. Diese Entscheidung findet zudem unter den schwierigsten Bedingungen – kurz nach dem Tod eines geliebten Menschen – statt. Eine solche Situation ist für alle Beteiligten überaus schwierig und belastend. Durch die Dokumentation des eigenen Willens auf einem Organspendeausweis kann einer derartigen Situation vorgebeugt werden.

Gibt es eine Pflicht zur Organspende?

Die Lücke zwischen Organaufkommen und Bedarf sowie die drastischen Konsequenzen für Patienten, für die nicht rechtzeitig ein Organ zur Verfügung steht, veranlassen manche zu argumentieren, dass die Entscheidung gegen eine Organspende nach dem Tod einer unterlassenen Hilfeleistung entspräche. Aber eine ethische Pflicht zur Organspende kann man nicht begründen. Denn einer moralischen Verpflichtung zur Organspende, so kann man argumentieren, steht der hohe Wert der Selbstbestimmung des individuellen Menschen entgegen. Die Entscheidung zur Organspende muss – wie der Begriff Spende nahelegt – selbstbestimmt und freiwillig erfolgen. Gleichermaßen muss auch eine selbstbestimmte Entscheidung gegen eine Organspende akzeptiert und geachtet werden. Die Entscheidung für oder gegen die mögliche Weitergabe der eigenen Organe obliegt der individuellen Weltanschauung, dem persönlichen Menschenbild und der eigenen religiösen Orientierung. Lediglich die Verweigerung einer Dokumentation erscheint angesichts des Leids von betroffenen Patienten und deren Angehörigen als eine Pflichtverletzung an Mitmenschlichkeit.

Warum ist das Vertrauen in die Transplantationsmedizin essenziell wichtig?

Die Lücke zwischen verfügbaren Organen und dem Bedarf macht es zum einen notwendig, die vorhandenen Spenderorgane nach transparenten, nachvollziehbaren und auf der besten verfügbaren Evidenz basierenden Kriterien zu verteilen. Bei der Auswahl und Gewichtung von Verteilungskriterien spielen medizinisches Fachwissen, ethische Überlegungen und rechtliche Aspekte eine Rolle. Die Präferenzen der Bevölkerung fließen dagegen bislang nicht ein. Wissenschaftliche Erhebungen können aber Hinweise auf unterschiedliche Sichtweisen in der Bevölkerung geben. Ein Beispiel hierfür sind von Experten begleitete Laiendiskussionen. Unserer Überzeugung nach sind nicht nur ethisch-normative Hinweise und medizinisches Wissen, sondern auch die Präferenzen der Bevölkerung unter Achtung grundlegender rechtlicher Regelungen einzubeziehen. Bei der Zuteilung knapper Spenderorgane geht es schließlich um die Verteilung von Lebenschancen. Eine zentrale Herausforderung dabei ist es beispielsweise, dem Spannungsfeld zwischen der medizinischen Dringlichkeit einer Transplantation und deren Erfolgsaussichten gerecht zu werden. Denn in vielen Fällen gilt, dass die Erfolgsaussicht mit steigender Dringlichkeit sinkt. Ein Patient, der dringlicher eine Spenderleber benötigt, hat statistisch gesehen die ungünstigeren Chancen auf (längerfristigen) Erfolg der Transplantation. Die Frage, ob ein Organ eher an einen Patienten vergeben werden soll, der mit hoher Wahrscheinlichkeit stark von einer Transplantation profitieren würde, oder an einen Patienten, der eine Transplantation dringender benötigt, kann nicht allein durch die medizinische Profession beantwortet werden. Vielmehr ist nach unserer Auffassung – auch im Hinblick auf die für die Spendebereitschaft bedeutungsvolle Akzeptanz getroffener Regelungen – eine von Experten aus unterschiedlichen Bereichen begleitete Beteiligung von Bürgern anzustreben.

Zum anderen gilt es in einem gesamtgesellschaftlichen Kontext darüber nachzudenken, mit welchen Maßnahmen die Lücke zwischen gespendeten und benötigten Organen verkleinert werden kann. Dazu gehören zum Beispiel präventive Maßnahmen, eine verbesserte Identifizierung potenzieller Spender und gegebenenfalls die Ausweitung der Lebendspende. Diese Form der Organspende ist besonders schwierig, da der Arzt einen Eingriff an einem gesunden Menschen vornehmen muss.

In jedem Fall – ob bei der Verteilung von Organen, bei den aktuellen Rahmenbedingungen oder bei Maßnahmen, die die Lücke zwischen Organaufkommen und Bedarf verkleinern sollen – ist es aber von essenzieller Bedeutung, das Vertrauen in die Transplantationsmedizin zu stärken. Dies zeigt sich besonders am Beispiel der aktuellen Manipulationsvorwürfe gegen deutsche Transplantationszentren. Dort wurden Laborwerte von Patienten manipuliert, um ihnen schneller zu einer Spenderleber zu verhelfen. Wer manipuliert, verlässt die gemeinsame Wertebasis und raubt anderen Patienten die Chance auf eine lebensrettende Transplantation. Schon einzelne Manipulationen führen zu einem Verlust des Vertrauens in die Organtransplantation.

Ein Vertrauensverlust wirkt sich negativ auf die Spendebereitschaft und damit auf die Überlebenschancen der Patienten aus, die auf ein Spenderorgan hoffen. Aus empirischen Studien, die gerade an der Universität Bayreuth durchgeführt werden, gibt es Hinweise, dass sich zahlreiche Menschen im Zuge der aktuellen Debatte um schwere Manipulationen gegen eine potenzielle Organspende nach ihrem Tod entscheiden. Leidtragende sind dabei in erster Linie immer schwerstkranke Patienten, die auf eine lebensrettende Organtransplantation hoffen. Eine strikte Aufklärung und Identifizierung von Verbesserungsmöglichkeiten ist deshalb dringend notwendig, um das verloren gegangene Vertrauen in diesen existenziell wichtigen Bereich der Medizin wiederherzustellen. Wir dürfen es nicht hinnehmen, dass das Fehlverhalten einiger weniger die Lebensperspektive Schwerstkranker gefährdet.

Auch bei der medizinischen Durchführung einer Organentnahme gilt es, das Vertrauen der Menschen im Blick zu behalten. Für viele kommt im Trauerprozess dem Abschiednehmen auch vom Körper des Verstorbenen eine große Bedeutung zu. Die Organspende ist mit einem chirurgischen Eingriff verbunden. Ein pietätvoller Umgang mit dem Körper des Spenders ist bei der Organentnahme eine Selbstverständlichkeit. Nach dem Eingriff wird der Körper verschlossen, die äußere Integrität des Verstorbenen bleibt so weitgehend gewahrt. Der Leichnam ist damit für eine Aufbahrung oder Bestattung vorbereitet. Die Angehörigen haben auf diese Weise die Möglichkeit, sich vom Verstorbenen zu verabschieden.

Die Diskussion über das Vertrauen in die Transplantationsmedizin vermittelt einen Eindruck von Zusammenhängen, die über diesen Bereich der Medizin hinausgehen. Überall dort, wo komplexe Entscheidungen, die auf den ersten Blick nicht überschaubar sind, getroffen werden, muss Misstrauen und Unsicherheit entgegengewirkt oder vorgebeugt werden. Dies gilt für die Verteilung knapper Organe genauso wie für Entscheidungen in der Intensivmedizin.

Generell spielen auch Bedenken gegenüber einer zunehmenden Ökonomisierung der Medizin eine große Rolle. Die zunehmende Kommerzialisierung sorgt für Ängste und Unsicherheit und kann ein Klima des Misstrauens erzeugen. Wir können jedoch festhalten, dass wir in einer solidarischen Gesellschaft leben, in der die Gesundheit als eines unserer höchsten Güter Vorrang vor ökonomischen Rationalitäten hat.

Wann ist der Mensch tot?

Für viele Menschen ist die Frage nach der Todesfeststellung entscheidend für die eigene Bereitschaft zur Organspende. Bis zur Aufklärung setzte man den Tod gleich mit dem Ausschluss von „Lebenszeichen" wie Herzschlag, Atmung oder spontaner Bewegung. Im 20. Jahrhundert definierte der irreversible Stillstand von Kreislauf und Atmung den Individualtod. In den 1950er Jahren wurden Beatmungsgeräte entwickelt und das „Coma dépassé" definiert. Damit wird ein Zustand beschrieben, in dem der Kreislauf von Patienten, deren Gehirn nach einem längeren Atemstillstand durch Sauerstoffmangel unumkehrbar zerstört ist, durch künstliche Beatmung weiterhin aufrechterhalten wird. Mit der zunehmenden Verbreitung der Herz-Lungen-Wiederbelebung nach Etablierung der externen Herzmassage im Jahre 1960 stieg die Zahl der Patienten an, die nach einem vorübergehenden Kreislauf- und Atemstillstand mit irreversibel zerstörtem Gehirn weiter intensivmedizinisch behandelt wurden. Im Jahr 1968 wurde daraufhin an der Harvard Medical School ein „Ad-Hoc-Committee" eingerichtet, das den Hirntod definierte.

Diese Definition ist im Kontext und als Teil des intensivmedizinischen Fortschritts und nicht, wie manche argumentieren, als Instrument der Transplantationsmedizin zu sehen. Sie beruht auf erweiterten Möglichkeiten der Diagnostik.

Diskussionen in diesem Bereich drehen sich meist aber nicht um den Hirntod selbst oder dessen Diagnose, sondern um die Hirntod-Konzeption, nach der ein hirntoter Mensch als tot gilt. Aus medizinischer Sicht ist der Hirntod geeignet, den Todeszeitpunkt eindeutig zu bestimmen: Die Gesamtfunktion des Groß- und Kleinhirns sowie des Stammhirns ist erloschen, bei gleichzeitig aufrechterhaltener Herz-Kreislauf-Funktion durch kontrollierte Beatmung. Mit dem Verlust der Funktion des Gehirns gehen jedoch die persönlichen Eigenschaften verloren, die einen Menschen ausmachen. Körperliche Funktionen, die wir mit dem Leben verbinden, sind nur noch künstlich aufrechtzuerhalten.

Dennoch kann die von Angehörigen empfundene Diskrepanz zwischen der Diagnose „Hirntod" und dem Eindruck von dem Menschen, dessen Kreislauf für die Organentnahme künstlich erhalten bleibt, in der medizinischen Praxis irritierend und schwer vermittelbar sein. Diese Diskrepanz entsteht unter anderem dadurch, dass biologische Funktionen erhalten bleiben oder maschinell aufrechterhalten werden. Die Angehörigen können den Tod oft nicht (be)greifen. Man kann den Tod bei einem Menschen, dessen Kreislauf durch Maschinen gesteuert wird, nicht sehen oder erspüren. Gerade in der Trauersituation kann man den Tod des Menschen nur erahnen oder fühlen. Aufklärung und Informationen über den Hirntod sowie den Organspendeprozess sind daher dringend erforderlich. Dem trägt beispielsweise der Deutsche Ethikrat Rechnung, indem er die Öffentlichkeit über die Hirntoddebatte informiert und mit Experten aus unterschiedlichen Disziplinen diskutiert.

Aufgrund der großen Lücke zwischen verfügbaren Organen und dem Bedarf an Spenderorganen wird über die Ausweitung des Spenderkreises nachgedacht. Bei Organen, die nicht von hirntoten Spendern, sondern von Spendern nach einem (länger anhaltenden) Herzstillstand stammen, spricht man von sogenannten Non Heart Beating Donors (Spender ohne Herzschlag). In anderen Ländern wie den Niederlanden hat sich diese Vorgehensweise vor dem Hintergrund anderer gesellschaftlicher Gebräuche sowie anderer ethischer Grundsätze etabliert. Dort wird ein großer Teil der Organspenden nach Herzstillstand durchgeführt. Die größte Schwäche bei dieser Vorgehensweise sind die geringeren Anforderungen an die Todesfeststellung. Das deutsche Transplantationsgesetz verbietet solche Organspenden. Eine Organentnahme ist hierzulande (bis auf Lebendspenden) erst nach der Diagnose des Hirntodes möglich, die eine eindeutige und sichere Todesfeststellung ermöglicht. Diese sichere und eindeutige Feststellung des Todes ist Voraussetzung für die Organentnahme.

Organspende als Akt der Nächstenliebe

Die Entscheidung zur Weitergabe eines lebensrettenden Organs kann in einem christlichen Verständnis als ein Akt der Nächstenliebe über den eigenen Tod hinaus verstanden werden. Der unausweichliche Tod eines Menschen spendet Hoffnung für lebensbedrohlich Erkrankte. Unter der Losung, „Gott ist ein Freund des Lebens“ (Weisheit Salomos 11,26) haben die Deutsche Bischofskonferenz (DBK) und der Rat der Evangelischen Kirche in Deutschland (EKD) vor mehr als 20 Jahren diese Form der Nächstenliebe gewürdigt und die Organspende in der gemeinsamen Erklärung „Organtransplantationen" befürwortet (abzurufen auf den Internetseiten der DBK und der EKD). Papst Johannes Paul II. hat dies auch immer wieder in verschiedenen Kontexten betont. „Jenseits aufsehenerregender Taten gibt es den Heroismus im Alltag, der aus kleinen und großen Gesten des Teilens besteht, die eine echte Kultur des Lebens fördern. Unter diesen Gesten verdient die in ethisch annehmbaren Formen durchgeführte Organspende besondere Wertschätzung, um Kranken, die bisweilen jeder Hoffnung beraubt sind, die Möglichkeit der Gesundheit oder sogar des Lebens anzubieten" (Enzyklika Evangelium vitae, 1995, abrufbar auf den Internetseiten der DBK). Wichtig ist aber, dass die Organspende kein Gebot der Nächstenliebe ist. Es gibt keine christliche Pflicht zur Organspende. Die Entscheidung für oder gegen eine potenzielle Organspende ist eine auf sich selbst bezogene Verantwortungsübernahme.

Prof. Dr. med. Dr. phil. Dr. theol. h. c. Eckhard Nagel (geb. 1960) ist Ärztlicher Direktor am Uniklinikum Essen, geschäftsführender Direktor des Instituts für Medizinmanagement und Gesundheitswissenschaften (IMG) der Universität Bayreuth sowie Mitglied des Deutschen Ethikrates, des Präsidiumsvorstandes des Deutschen Evangelischen Kirchentages und Sprecher der Forschergruppe FOR 655 „Priorisierung in der Medizin", die durch die Deutsche Forschungsgemeinschaft (DFG) finanziert wird.

Dr. rer. pol. Birgitta Bayerl (geb. 1978) ist Dipl.-Soziologin und Master in Public Health, wissenschaftliche Mitarbeiterin am IMG und Mitglied der Forschergruppe FOR 655.

Michael Lauerer (geb. 1983) ist Dipl.-Sozialwirt, wissenschaftlicher Mitarbeiter und Doktorand am IMG und Mitglied der Forschergruppe FOR 655.

Uwe von Seltmann

Wie kann das Vertrauen in die Organspende zurückgewonnen werden?

Ein Gespräch mit dem Göttinger Medizinjuristen Professor Hans-Ludwig Schreiber

Herr Professor Schreiber, haben Sie einen Organspendeausweis?

Ja, seit ungefähr 25 Jahren. Der Grund für die Anlegung war und ist meine Bereitschaft, Organe zu spenden. Ich habe ihn übrigens mit initiiert.

Die Zahl der Organspender ist 2011 um sieben Prozent im Vergleich zum Vorjahr zurückgegangen. Der Rückgang hat sich 2012 fortgesetzt. Worin sehen Sie die Gründe?

Die Organspende ist mittlerweile sehr unpopulär. Das ist bedauerlich. Ein Großteil der potenziellen Spender befürchtet, wegen des Organbedarfs im Notfall nicht mit allen Mitteln am Leben erhalten zu werden. Eine aktuelle Umfrage der DAK (Deutsche Angestellten Krankenkasse) hat ergeben, dass 44 Prozent der Befragten Angst hätten, die Ärzte würden nach einer Einwilligung zur Organentnahme nicht alles tun, um bei schwerer Krankheit das Leben des Einzelnen zu retten. Diese Ängste hängen auch mit Fehlinformationen über den Verlauf des Organspendeverfahrens zusammen.

Der Organspendeskandal im Sommer 2012 hat nicht unbedingt dazu beigetragen, diese Ängste abzubauen. Ende Juli war bekannt geworden, dass Ärzte an den Universitätskliniken in Göttingen und Regensburg mutmaßlich Krankenakten manipuliert haben, um bestimmte Patienten bei der Vergabe von Spenderorganen zu bevorzugen. Wie beurteilen Sie diesen Skandal? Ist das ein Einzelfall oder muss mit einer hohen Dunkelziffer gerechnet werden?

Erst eine umfangreiche Aufklärung des Sachverhalts kann dazu beitragen, einen Einblick in die Folgen dieser Ereignisse zu erlangen und möglicherweise weitere, bisher unbekannt gebliebene Fälle aufzudecken. Was sich jedoch herausgestellt hat, ist, dass das geltende System einer besseren Überwachung bedarf. Vielleicht waren die Änderungen des Transplantationsgesetzes (TPG), insbesondere die Einführung des neuen Transplantationsbeauftragten, bereits ausreichend, eine verdichtete Kontrolle der Krankenhäuser und Transplantationszentren zu erreichen. Ich hoffe jedoch, dass es keine Dunkelziffer gibt. Die eingeleiteten Überprüfungen durch die zuständigen Institutionen deuten nicht darauf hin.

Welche Auswirkungen befürchten Sie?

Die Abschreckung potenzieller Spender. Vielleicht haben die Ereignisse dazu beigetragen, dass spendebereite Bürger nun vor einer Einwilligung in die postmortale Organspende absehen. Es ist ihnen sicherlich nicht zu verdenken, zu befürchten, dass ihre Organe nicht an den hilfsbedürftigsten, sondern an den reichsten Empfänger weitergegeben werden.

Wie kann das Vertrauen in die Transplantationsmedizin zurückgewonnen werden?

Ein erster Weg war meines Erachtens bereits die Einrichtung der neuen Vertrauensstelle „Transplantationsmedizin“ in gemeinsamer Trägerschaft der Deutschen Krankenhausgesellschaft, dem Spitzenverband der Gesetzlichen Krankenversicherung (GKV) und der Bundesärztekammer (BAK) mit Sitz in Berlin. Hier können Auffälligkeiten, die im Zusammenhang mit der Organtransplantation wahrgenommen werden, der Vertrauensstelle anonym mitgeteilt werden. Die Überprüfungen sollten energisch durchgeführt und notwendige Maßnahmen konsequent ergriffen werden.

Auch in Fernsehkrimis wird gern der böse Reiche gezeigt, der schneller an ein benötigtes Organ kommt, weil er dafür zahlt. Gibt es Regeln und Richtlinien, wer als Empfänger in Frage kommt?

Die Entscheidung, wer ein Organ erhält, erfolgt nach einem anonymen Verfahren, nach einem vorgegebenen Computer-Algorithmus. In diesen Algorithmus kann man nicht eingreifen, denn er folgt mathematischen Regeln. Das geltende Transplantationsgesetz enthält für die Vermittlung der Organe lediglich zwei vorgegebene Kriterien, und zwar die der „Erfolgsaussicht" und der „Dringlichkeit". Im Übrigen hat der Gesetzgeber nur vorgegeben, dass sich die Vermittlung nach dem Stand der Erkenntnisse der medizinischen Wissenschaft richten muss. Gibt jemand nun durch die Manipulation von Krankheitsdaten vor, die Dringlichkeit sei besonders hoch, entscheidet das System natürlich auf Grundlage dieser Daten. Auch ein computergesteuertes Verteilungssystem ist abhängig von den Vorgaben, die ihm ein Mensch mitteilt. Daher muss auch die Kontrolle dieser Mitteilungen sichergestellt werden. Allerdings kann ein System nie gänzlich ohne das Vertrauen in die Lauterkeit seiner Teilnehmer funktionieren.

Seit 1. November 2012 soll jeder Post von seiner Krankenkasse erhalten – mit Informationen zur Organspende und mit einem Spenderausweis, in dem ein „Ja" oder „Nein" einzutragen ist. Die

Organspendebereitschaft soll auch auf der elektronischen Gesundheitskarte gespeichert werden. Kann das neue Transplantationsgesetz mit der Einführung der sogenannten Entscheidungslösung die Spendenbereitschaft erhöhen?

Die Einführung einer solchen Entscheidungslösung ist durchaus geeignet, in der Bevölkerung die Diskussion um die Bereitschaft einer Organspende wieder in Gang zu setzen. Denn durch den Erhalt dieser Frage ist jeder Einzelne gezwungen, sich mit der eigenen Bereitschaft zur Organspende auseinanderzusetzen. Es wird in den Familien und in den Freundeskreisen unweigerlich zu Diskussionen kommen, bei denen auch unterschiedliche Auffassungen vertreten werden. Einerseits könnten viele, die sich trotz genereller Bereitschaft bisher nicht erklärt haben, nun zustimmen. Andererseits könnten aber auch diejenigen, die bis jetzt nicht bereit waren, sich einen Organspendeausweis zuzulegen, sich dann aufgrund der formalen Befragung gezwungen sehen, mit „Nein" zu antworten. Ob hier dann ein Aufschub in Form einer Antwort „Ich weiß es jetzt noch nicht" erfolgt, oder bei einer erneuten Befragung eine andere Antwort gegeben wird, dürfte sich nur in der Praxis zeigen und kann jetzt noch nicht vorhergesehen werden.

Welche weiteren Änderungen sind in dem neuen Transplantationsgesetz enthalten?

Das neue Gesetz diente in erster Linie der Umsetzung der EU-Richtlinie 2010/53/EU. Gegenstand dieser Richtlinie ist die Festlegung unionsweiter, einheitlicher Qualitäts- und Sicherheitsstandards für die Beteiligten der Organtransplantation. Zu den wesentlichen Neuerungen zählt die Unterstreichung der Tätigkeit der Entnahmekrankenhäuser im Prozess der postmortalen Organspende. Des Weiteren wird ein neuer Akteur – der Transplantationsbeauftragte – eingeführt. Dessen Aufgabe besteht darin, in einem Entnahmekrankenhaus neben der Koordinierung des Gesamtprozesses der Organspende insbesondere auch die Identifikation potenzieller Organspender vorzunehmen. Die Rolle der DSO (Deutsche Stiftung Organtransplantation) als Koordinierungsstelle wird gestärkt. Insbesondere erstellt sie Verfahrensanweisungen für sämtliche Schritte des Organspendeprozesses. Schließlich muss die Koordinierungsstelle enger mit der Vermittlungsstelle Eurotransplant zusammenarbeiten; insbesondere ein System der Rückverfolgbarkeit für schwerwiegende Zwischenfälle schaffen.

Was muss sich Ihrer Meinung nach noch ändern, damit mehr Menschen zur Organspende bereit sind?

So einfach es klingt, es bedarf einer verbesserten Informationspolitik und Aufklärung der Bevölkerung. Noch immer ist den meisten Bundesbürgern nicht klar, wie ein Organspendeverfahren abläuft und von welchen Kriterien dieses abhängt. Es fehlt insbesondere auch an einem Verständnis für das Hirntodkriterium.

Am Hirntod scheiden sich die Geister. Viele fragen sich: Bin ich als Hirntoter, wenn mir die Organe entnommen werden, wirklich tot? Oder bin ich nicht noch ein Sterbender, der nach wie vor das Recht hat, vor Übergriffen auf seinen Körper geschützt zu werden?

Hirntot gilt als halbtot. Aber das ist falsch. Wer hirntot ist, ist wirklich tot. Darauf kann man sich verlassen. Ein Herz kann man reanimieren, die Wiederbelebung eines Hirns ist jedoch nicht möglich. Die Diagnose Hirntod wird auch nicht leichtfertig gestellt, sondern muss von zwei Ärzten bestätigt werden.

Auch angesichts der hohen Kosten der Transplantationsmedizin: Sollte man nicht medizinische Grenzen anerkennen?

Nicht, wenn damit Menschen gerettet werden können. Denn der Aufwand ist dann gerechtfertigt, wenn man das Leben eines anderen erhalten kann.

Wird der Mensch nicht mehr und mehr als Ersatzteillager gesehen? Mit Körperteilen lässt sich viel Geld verdienen.

Die Bezeichnung als Ersatzteillager trifft nicht wirklich zu. Es steht auch weiterhin neben dem Primärziel, den Empfänger am Leben zu erhalten, im Vordergrund, das Leben des Spenders so lang wie möglich aufrechtzuerhalten. Immerhin wird der Spender als lebender Mensch angesehen. Ich habe jedoch die Sorge, dass es, wenn menschliche Körperteile Gegenstand des Marktes werden, für die Spender gefährlich werden kann. Ich will die Gefahr gar nicht wegreden, aber das wäre ein krimineller Akt. Das deutsche Gesundheitssystem lässt einen solchen Missbrauch nicht zu. Es ist in deutschen Krankenhäusern nicht der Fall, dass jemand für tot erklärt wird, weil man sich für seine Organe interessiert.

Gibt es einen Rechtsanspruch auf einen Platz auf einer Warteliste für ein Spenderorgan?

Diese Frage lässt sich nicht ohne Weiteres beantworten. Das hängt von der Organisationsstruktur der Organvermittlung ab. Deutschland ist Teil der Eurotransplant-Gemeinschaft. Eurotransplant ist eine private Stiftung niederländischen Rechts. Ein vermeintlicher Rechtsanspruch auf Aufnahme auf eine Warteliste oder eine vorrangige Behandlung müsste daher auch vor den Zivilgerichten in den Niederlanden durchgesetzt werden. Denkbar wäre auch ein einstweiliger Rechtsschutz in Deutschland vor dem Verwaltungsgericht. Dann müsste allerdings Eurotransplant als eine Behörde im Sinne des öffentlichen Rechts angesehen werden; und eine solche Entscheidung ist bisher nicht getroffen worden.

Gibt es Altersgrenzen sowohl beim Spender als auch beim Empfänger?

Starre Altersgrenzen gibt es für die Annahme der Einwilligungsfähigkeit nicht. Hierfür ist keine Volljährigkeit erforderlich. Es genügt vielmehr die natürliche Einsichtsfähigkeit. Diese ist in der Regel mit dem Eintritt des 16. Lebensjahrs anzunehmen. Eine Altersgrenze nach oben für die Organspende gibt es nicht. Ausschlaggebend ist allein die Funktionsfähigkeit eines Organs.

Ist jemand, der durch einen unsoliden Lebenswandel seine Organe ruiniert hat, von der Liste ausgeschlossen?

Ein unsolider Lebensstil kann zu einem vorübergehenden Ausschluss von der Aufnahme auf eine Warteliste führen, zum Beispiel wenn jemand den irreversiblen Ausfall seiner Leberfunktionen durch den übermäßigen Genuss von Alkohol verursacht hat. Die Richtlinien zur Aufnahme auf eine Warteliste sehen allerdings auch für einen solchen Fall Ausnahmen vor: Kann der Betroffene (medizinisch) darlegen, dass er einen längeren Zeitraum auf den Konsum von Alkohol verzichtet hat, erfolgt eine erstmalige Aufnahme auf die Warteliste.

Können Aidskranke und HIV-Infizierte Organe spenden oder erhalten?

Aidskranke und HIV-Infizierte kommen als Spender nicht in Betracht. Auf Grund ihrer Erkrankung liegt eine absolute Kontraindikation vor, die für den Empfänger eine vitale

Bedrohung darstellen würde. Als Empfänger kommen sie aber in Betracht.

An einigen Krankenhäusern sind Ethikkommissionen eingerichtet worden. Haben diese Kommissionen einen Einfluss auf das Organspendeverfahren?

Nein, die an einigen Hochschulkliniken und Ärztekammern ansässigen Ethikkommissionen sind für Organspenden nicht zuständig. Sie sind eingerichtet worden, um bei der klinischen Forschung am Menschen ethische und rechtliche Fragestellungen, insbesondere bei der wissenschaftlichen Forschung sowie der Entwicklung bestimmter therapeutischer Methoden, zu beantworten. Da sie vor allem dem Schutz des einzelnen Menschen dienen, sind sie von außerordentlicher Bedeutung.

Professor Dr. Hans-Ludwig Schreiber (geb. 1933) war von 1972 bis 2001 Professor für Strafrecht und Strafprozessrecht an der Georg-August-Universität in Göttingen, zwischen 1992 und 1998 deren Präsident. Von 1987 bis 1990 war er Staatssekretär im niedersächsischen Wissenschaftsministerium, von 1995 bis 2006 Vorsitzender der Ständigen Kommission Organtransplantation der Bundesärztekammer.

Die Fragen stellte Uwe von Seltmann, Autor des Buches „Todleben“ und Chefredakteur des Magazins „Leben & Tod“.

Geistliches Wort zur Organspende

Im November 2012 veröffentlichte der Ratsvorsitzende der Evangelischen Kirche, Nikolaus Schneider, in Deutschland ein „Geistliches Wort zur Organspende“. Anlass war das neue Transplantationsgesetz, das in dem Monat in Kraft trat.

Sehr geehrte Damen und Herren,
liebe Schwestern und Brüder,

voraussichtlich werden Sie in den nächsten Monaten ein Schreiben Ihrer Krankenkasse zum Thema Organ- und Gewebespende erhalten. Dies geht auf eine gesetzliche Neuregelung zurück, nach der jede versicherte Person ab 16 Jahren über die Organspende informiert und dazu aufgefordert wird, sich für oder gegen eine Organspende zu entscheiden. Dahinter steht die Tatsache, dass in Deutschland viel mehr Spenderorgane gebraucht als gespendet werden.
Es ist sehr verständlich, wenn Sie dieses sehr persönliche Thema an der Grenze zwischen Leben und Tod verunsichert und Sie sich zum Beispiel fragen: Ist die Definition des Hirntodes tragfähig? Fühlt ein hirntoter Mensch noch Schmerzen? Wie wird ein Mensch nach der Entnahme seiner Organe behandelt? Bleibt genügend Zeit und Raum, in Ruhe und Würde von einem Menschen vor der Organentnahme Abschied zu nehmen? Wie verhalten sich Patientenverfügung und Organspende zueinander?
Diese schwierigen Fragen lassen sich nicht kurz und völlig eindeutig beantworten. Daher hat der Rat der EKD dazu eine gründliche Ausarbeitung in Auftrag gegeben.
Die evangelische Kirche möchte Ihnen Mut machen, sich diesen Fragen ohne das Gefühl einer Bedrängung zu stellen und in aller Ruhe zu überlegen, ob Sie zu einer Organspende bereit sein wollen oder nicht. Sie können in Ihrer Umgebung sicher-

lich auch seelsorgerliche Beratung in Anspruch nehmen. Es ist gesetzlich festgeschrieben, dass jede und jeder Einzelne sich frei für oder gegen eine Organspende entscheiden oder aber diese Entscheidung einer Vertrauensperson überlassen kann.
Vielleicht kann es Ihnen helfen, folgende Gesichtspunkte zu bedenken: Nach christlichem Verständnis sind das Leben und damit der Körper des Menschen ein Geschenk Gottes. Diesen kann und darf er aus Liebe zum Nächsten und aus Solidarität mit Kranken einsetzen. Eine Entnahme von Organen verletzt nicht die Würde des Menschen und stört nicht die Ruhe der Toten. Unsere Hoffnung auf die Auferstehung bleibt davon unberührt.
Es gibt keine christliche Verpflichtung zur Organspende. Christinnen und Christen können der Organspende zustimmen; sie können sie aber auch ablehnen. Sie müssen sich auch gar nicht entscheiden, sondern können die Frage unbeantwortet lassen, wenn sie sich gegenwärtig nicht in der Lage zu einer Entscheidung sehen. Alle diese Optionen sind christlich verantwortbar und ethisch zu respektieren. Allerdings sollten Sie berücksichtigen: Wenn Sie sich zu Lebzeiten nicht für oder gegen eine Organ- oder Gewebespende entscheiden, verpflichtet das Gesetz Ihre Angehörigen, so zu entscheiden, wie Sie es vermutlich gewollt hätten. Diesen dürfte aber eine Entscheidung noch schwerer fallen als Ihnen selbst. Insofern entlasten Sie Ihre Angehörigen in der schwierigen Situation des Abschiednehmens, wenn sie um Ihre Entscheidung wissen.
Die Freiheit des Gewissens darf nicht bedrängt und die Hilfe für den Nächsten nicht durch Besorgnisse eingeschränkt werden. Deswegen erinnern wir an die Verheißung Gottes, die angesichts des Todes eines Menschen verkündigt wird: „Führe ich gen Himmel, so bist du da; bettete ich mich bei den Toten, siehe, so bist du auch da“ (Psalm 139, 8).

Hannover, 23. November 2012

Dr. h.c. Nikolaus Schneider (geb. 1947) ist Vorsitzender des Rates der Evangelischen Kirche in Deutschland.

Glossar, Stellungnahmen Adressen

❑ *Glossar*

Allokation: Vergabe, Zuteilung von Organen nach festgelegten Kriterien

Eurotransplant (ET): Vermittlungsstelle von Organen mit Sitz in den Niederlanden. Die Non-profit-Organisation ist zuständig für die Zuteilung von Spenderorganen in sieben europäischen Ländern, künftig in acht

Deutsche Stiftung Organtransplantation (DSO): gemeinnützige Stiftung, die seit 2000 als Koordinierungsstelle für die Organspende in Deutschland eingesetzt und für die Organspender verantwortlich ist

DSO-Koordinator: betreut tote Organspender (Spenderkoordinatoren)

Hirntod: unumkehrbarer Ausfall der Gesamtfunktion von Großhirn, Kleinhirn und Hirnstamm

Ischämiezeit: Zeit, in der das Spenderorgan zwischen der Entnahme und Einpflanzung nicht durchblutet wird

Lebendspende-Kommission: Neutrales Gremium, bei dem ein lebender Spender seine Beweggründe darlegen muss, besteht aus einem Berufsrichter, einem Allgemeinmediziner und einer psychologisch geschulten Person

Organhandel: in Deutschland verboten und mit Freiheitsentzug belegt

Organspendeausweis: Dokument, auf dem Bereitschaft oder Ablehnung der Organspende erklärt oder eine Person zur Entscheidung bestimmt werden kann

Organtransplantation: Übertragen eines gesunden Organs oder Gewebe von einem hirntoten oder lebenden Spender zur Heilung auf einen schwerkranken Patienten

Transplantationsbeauftragter: koordiniert in einem Entnahmekrankenhaus den gesamten Prozess der Organspende und hilft dabei, potenzielle Organspender zu identifizieren, Ansprechpartner für alle Belange rund um die Organspende

Transplantationskonferenz: interdisziplinäre Konferenz von Medizinern zur Überwachung des Ablaufes einer Transplantation, soll sicherstellen, dass bei der Anmeldung des Patienten für die Warteliste korrekte Daten verwendet werden

Transplantationskoordinator: im Transplantationszentrum zuständig für die Koordinierung der Transplantation

Transplantationszentren: Kliniken, die für die Übertragung von Organen nach bestimmten Kriterien zugelassen sind und die erforderliche Qualität der Organübertragung gewährleisten, führen zentrumseigene Wartelisten der Patienten, die sie zur Übertragung von vermittlungspflichtigen Organen angenommenen haben

❑ *Stellungnahmen zum Thema Organspende*

Gemeinsame Erklärung der Deutschen Bischofskonferenz und des Rates der Evangelischen Kirche in Deutschland „Organtransplantationen" (1990)
www.ekd.de/EKD-Texte/organtransplantation–1990.html

Stellungnahme des Nationalen Ethikrates: „Die Zahl der Organspenden erhöhen – zu einem drängenden Problem der Transplantationsmedizin in Deutschland" (2007)
www.ethikrat.org/dateien/pdf/Stellungnahme-Organmangel.pdf

Was ist vertretbar? Ethische Probleme der Organtransplantation, Vortrag von Wolfgang Huber vom 11. September 2001, Berlin
www.ekd.de/vortraege/vortraege-huber-010911.html

Informationen im Internet

Gesetz über die Spende, Entnahme und Übertragung von Organen und Gewebe – Transplantationsgesetz (Ausfertigung 5. November 1997)
Gesetz zur Änderung des Transplantationsgesetzes (seit 1. August 2012 in Kraft)
Gesetz zur Regelung der Entscheidungslösung (seit 1. November 2012 in Kraft)
www.organspende-info.de/sites/all/files/files/Gesetzestext%20Transplantationsgesetz.pdf

Bundesgesetzblatt online
www.bgbl.de

Bundeszentrale für gesundheitliche Aufklärung
Liste der häufig gestellten Fragen: www.organspende-info.de

Stellungnahmen der Bundesärztekammer zur Transplantationsmedizin und zu den bekannt gewordenen Manipulationen
www.bundesaerztekammer.de
Deutsche Stiftung Organtransplantation: www.dso.de
Organspende in den Religionen, eine Übersicht:
www.dober.de/ethik-organspende/religionen.html#ar
www.organspende-info.de/information/spende-und-transplantation/erfahrungen/religionen

Die Vertrauensstelle „Transplantationsmedizin"
Die Vertrauensstelle ist per Post zur (auch anonymen) Meldung von Auffälligkeiten und Verstößen gegen das Transplantationsrecht eingerichtet
Vertrauensstelle Transplantationsmedizin
Bundesärztekammer
Herbert-Lewin-Platz 1
10623 Berlin
E-Mail: vertrauensstelle–transplantationsmedizin@baek.de

Infotelefon Organspende
Unter der Nummer 0800 / 9 04 04 00 beantwortet das Infotelefon Organspende montags bis freitags von 9 bis 18 Uhr Fragen zur Organspende und Transplantation, nimmt Bestellungen von kostenlosem Informationsmaterial entgegen und versendet Organspendeausweise. Das Infotelefon ist ein Gemeinschaftsprojekt der Bundeszentrale für gesundheitliche Aufklärung (BZgA) und der Deutschen Stiftung Organspende (DSO).